Michael Howard
Die Erfindung des Friedens

Michael Howard

Die Erfindung des Friedens

Über den Krieg und die Ordnung der Welt

Aus dem Englischen von
Michael Haupt

zu Klampen!

Die englische Originalausgabe erschien bei Profile Books,
London, unter dem Titel
*The Invention of Peace. Reflections
on War and International Order*
© Michael Howard 2000

Erste Auflage 2001

© zu Klampen Verlag · Postfach 1963 · 21309 Lüneburg
Tel. 04131 - 733030 · Fax 04131 - 733033
e-mail: zu-Klampen-Verlag@t-online.de

Druck: Clausen & Bosse, Leck

Umschlag: Groothuis & Consorten, Hamburg

Die Deutsche Bibliothek – CIP-Einheitsaufnahme:

Howard, Michael:
Die Erfindung des Friedens. Über den Krieg und
die Ordnung der Welt / Michael Howard. Aus dem Engl.
von Michael Haupt. - Lüneburg : zu Klampen, 2001
Einheitssacht.: The Invention of peace <dt.>

ISBN 3-924245-98-3

Inhalt

Vorwort 7

I Einleitung 9

II Priester und Fürsten: 800–1789 15

III Völker und Nationen: 1789-1918 39

IV Idealisten und Ideologen: 1918–1989 65

V Tomahawks und Kalaschnikows:
Anno Domini 2000 91

Vorwort

Dieser Essay wurde auf Wunsch von Professor David Cannadine, dem Direktor des Institute for Historical Research an der Universität London, verfaßt. Er ist die erweiterte Version der Plenumsvorlesung, mit der die Angloamerikanische Konferenz über Krieg und Frieden, die im Juli 2000 am Institut stattfand, eingeleitet wurde. Vieles von dem hier niedergelegten wird denen, die meine Bücher *War in European History* und *War and the Liberal Conscience* gelesen haben, vertraut vorkommen, doch ist das Thema wichtig genug, um immer wieder behandelt zu werden. Keiner steigt, wie Heraklit sagte, zweimal in denselben Fluß.
Entschuldigen möchte ich mich bei zahlreichen Freunden und Kollegen, deren Ideen ich bewußt oder unbewußt geplündert habe. Zu tiefem Dank verpflichtet bin ich Mark James, der meinen Text nicht nur streng kritisiert, sondern ihn auch mehrfach vor dem Absturz in die Tiefen des PC bewahrt hat.

Michael Howard
Eastbury, Berkshire
März 2000

I
Einleitung

»Der Krieg scheint so alt wie die Menschheit, aber der Frieden ist eine moderne Erfindung.« Das schrieb der Jurist Sir Henry Maine Mitte des neunzehnten Jahrhunderts. Es besteht kaum Grund zu der Annahme, daß er Unrecht hatte. Archäologische, anthropologische und dokumentarische Materialien deuten darauf hin, daß Krieg – der bewaffnete Konflikt zwischen organisierten politischen Gruppen – in der Geschichte der Menschheit die Norm gewesen ist. Dabei kommt es nicht darauf an, ob die Ursachen in angeborener Aggression zu suchen sind oder in der Notwendigkeit, um knappe Ressourcen wie Wasser oder Land zu kämpfen. Vielleicht ist Rousseaus Vorstellung, daß die Menschen im mythischen Naturzustand eher ängstlich waren und erst kriegerisch wurden, als sie gesellschaftliche Bindungen eingingen, richtig, doch diese Bindungen waren notwendig, um zu überleben. Was Kant die ›ungesellige Geselligkeit‹ des Menschen nannte, führte automatisch sowohl zu Konflikten als auch zu kooperativen Verhaltensformen.

Selbst wenn Frieden keine ›moderne Erfindung‹ sein sollte, ist er doch auf jeden Fall eine sehr viel komplexere Angelegenheit als Krieg. Schmucklos und pessimistisch definierte Hobbes den Frieden als die Abwesenheit von Krieg oder Kriegsgefahr, aber diese Bestimmung ist zu einfach. Zwar ist ein derartiger Zustand, der gewöhnlich als ›negativer Friede‹ bezeichnet wird,

Die Erfindung des Friedens

häufig das Beste, was die Menschen erreichen können und wofür sie zu Recht dankbar sind. Aber heute beinhaltet der Begriff des Friedens sehr viel mehr. Positiv gefaßt, verweist er auf eine soziale und politische Gesellschaftsordnung, die im allgemeinen für gerecht angesehen wird. Der Aufbau einer solchen Ordnung kann Generationen dauern, während die gesellschaftliche Dynamik vielleicht nur ein paar Jahrzehnte braucht, um sie wieder zu zerstören. Paradoxerweise kann der Krieg, wie wir noch sehen werden, integraler Bestandteil dieser Ordnung sein und ist auch im Verlaufe fast der gesamten Menschheitsgeschichte als solcher akzeptiert worden. Die Denker der Aufklärung konzipierten Frieden als Resultat einer internationalen Ordnung, in der Kriege kein Mittel zum Austragen von Konflikten mehr sind; eine Vorstellung, die Visionäre in der Geschichte immer wieder begeistern konnte, während Politiker sie erst in den letzten zweihundert Jahren als praktikables oder gar wünschenswertes Ziel begriffen haben.

Sicher sind manche Gesellschaften, vielleicht notwendigerweise, kriegerischer gewesen als andere. Für einige mag der Krieg ursprünglich ein religiöses Ritual gewesen sein oder ein Initiationsritus für die männliche Jugend, oder aber eine Art sportlicher Wettstreit unter Männern, in dem das Leben zu riskieren war, der jedoch nicht unbedingt zum Tode führte. Schließlich aber wurde er zu einer ernsteren Angelegenheit, weil, wie Clausewitz so markig konstatierte, ein zum Äußersten entschlossener Kombattant seinen Gegner zwingt, ähnliche Maßnahmen zu ergreifen. Im Kampf um das physische Überleben siegen diejenigen, die dafür besser ausgestattet sind als andere. Wenn sie ihre Gene an die Nachfahren weitergeben, gründen sie Herrschaftsdyna-

Einleitung

stien. Aus ihnen und ihren Mitstreitern erwachsen Kriegereliten, deren Interessen und Einstellungen das Wesen ihrer Kultur – einschließlich Religion, Literatur und Kunst – bestimmen. Sie errichten eine gesellschaftliche und politische Ordnung, deren Rechtfertigung ursprünglich nur in ihrer Stärke gelegen haben mag, die sich letztlich aber legitimiert, weil sie sich als zweckmäßig erweist, Verordnungen erläßt und vor allem religiös sanktioniert ist. Eine legitimierte Ordnung schafft Frieden nach innen und rechtfertigt den Krieg nach außen. Wird dieser erfolgreich geführt, trägt das zur weiteren Legitimierung der Ordnung bei. Fehlschläge resultieren entweder aus der Unterwerfung der Ordnung durch eine exogene Elite, deren Herrschaft dann ihrerseits zur Norm wird, oder dem Entstehen einer neuen, indigenen Elite, die erfolgreicher ist als ihre Vorgänger.

Je besser eine militärische Elite ihr Handwerk versteht, desto größer wird ihre Fähigkeit sein, die bereits erworbene Macht auszuweiten und eine hegemoniale Stellung zu erlangen. Krieger können, wie die Normannen und Norweger im zehnten oder die Spanier im fünfzehnten Jahrhundert, auf eigene Faust losziehen und fremde Bevölkerungen unterwerfen. Die Lebensfähigkeit ihrer Herrschaft hängt zunächst von der militärischen Macht und dem Willen ab, sie einzusetzen; wobei dieser Wille möglicher-, aber nicht notwendigerweise auf dem Gefühl moralischer Überlegenheit beruht, das religiösen, rassischen und kulturellen Überzeugungen geschuldet ist. Doch letztlich bedarf ihre Herrschaft, um zu überdauern, der Legitimation: Sie müssen in der Lage sein, die Unterworfenen zu ihren eigenen Anschauungen zu bekehren, die einheimischen Eliten zur Kooperation zu bewegen oder zu zwingen,

Die Erfindung des Friedens

und vor allem in den von ihnen beherrschten Gesellschaften wirtschaftliche und gesellschaftliche Stabilität zu garantieren.

Letzteres ist die Kernvoraussetzung und erklärt vielleicht die Langlebigkeit von Hegemonien wie denen des Ottomanischen Reiches und der chinesischen Herrscherdynastien. Veränderung ist der größte Feind der Stabilität und damit auch des Friedens. In ländlichen Gesellschaften, die sich über Jahrhunderte, gar Jahrtausende hinweg nicht verändern, führen bestimmte Verordnungen letztlich zur Akzeptanz von Regeln überhaupt. Die eigentliche Unwägbarkeit ist hier die Ernte. Bei schlechter Ernte können ansonsten erträgliche Steuern nicht mehr bezahlt werden, und die Unruhe in der Bauernschaft wächst. Bleiben jedoch die anderen Faktoren stabil, kann dieses Problem normalerweise abgespalten und unterdrückt werden. Bei größerer Instabilität der Gesellschaft führt eine solche Unterdrückung zu Aufruhr und Unruhe. Beispiele sind Deutschland im fünfzehnten und der Balkan im neunzehnten Jahrhundert. Dann kann die soziale Ordnung letztlich nur durch Anpassen an neue Bedingungen bewahrt oder wiederhergestellt werden.

Der Krieg, so heißt es ganz richtig, fängt in den Köpfen der Menschen an. Aber das gilt auch für den Frieden. Wahrscheinlich ist für viele, wenn nicht die meisten Menschen eine Ordnung so lange akzeptabel, wie sie ihren Erwartungen und Bedürfnissen entspricht, die, historisch gesehen, immer höchst einfach gewesen sind. Diese Mehrheit kümmert sich kaum darum, ob anderen Ungerechtigkeit widerfährt, sofern sie sie überhaupt zur Kenntnis nimmt. Für sie ist Frieden das, was sie gerade hat, und diesen Zustand will sie bewahren. Allerdings gibt es immer eine Minderheit, so klein sie auch sein mag, die den Maßstab göttlichen oder natürlichen Rechts an die bestehende Gesellschaft anlegt und sie für unvollkommen befindet. Eine solche Minderheit muß normalerweise über einen außergewöhnlichen Grad an Bildung, Muße und Unabhängigkeit verfügen. In kriegerischen Gesellschaften gehörten diese Menschen meist, durch Geburt oder Kooptation, zu einer Priesterschaft, die, ungeachtet eigener absolut gesetzter Verhaltensnormen, letztlich die bestehende Ordnung zu erhalten suchte. Die wachsende Komplexität dieser Gesellschaften hatte die Herausbildung einer Schicht gebildeter Laien zur Folge, aus der dann die Kritiker der gesellschaftlichen Ordnung quasi naturgemäß hervorgingen. Gegen Ende des sechzehnten Jahrhunderts bemerkte Francis Bacon, daß Unruhe und Aufruhr im Staat sich auch dann einstellen können, wenn es ›mehr Gelehrte als dafür vorgesehene Ämter‹ gibt. Solche Kritiker hielten die bestehende Ordnung wegen ihrer Mängel und Unterdrückungsmechanismen für so ungerecht und illegitim, daß ihnen sowohl die Rebellion von innen dagegen gerechtfertigt erschien als auch der Krieg von außen. Für sie war die Errichtung einer neuen Ordnung die Bedingung für die Schaffung des Friedens. In der Geschichte der Menschheit hat es immer jene gegeben, die glauben, der Friede müsse bewahrt werden und jene, die meinen, er müsse erst erwirkt werden.

Wie noch zu sehen sein wird, beruhte die mittelalterliche Gesellschaftsordnung, die sich in Europa seit dem achten Jahrhundert entwickelt hatte und ihr eigentliches Ende erst im achtzehnten Jahrhundert fand, im wesentlichen auf einer erfolgreichen Symbiose zwischen der herrschenden Klasse der Ritter, die für Ordnung sorgte, und der Priesterschaft, die diese Ord-

Die Erfindung des Friedens

nung legitimierte. Schließlich aber traten innerhalb der Priesterschaft Kritiker auf den Plan, die der herrschenden Klasse die Legitimität absprachen. Ihre Begründung lautete: Der Krieg ist kein notwendiger Bestandteil, sondern eine Beeinträchtigung der göttlichen oder natürlichen Ordnung. Damals, so läßt sich sagen, wurde der Frieden erfunden: als Vorstellung einer gesellschaftlichen Ordnung, die den Krieg abgeschafft hatte. Und dies nicht aufgrund einer am Paradies orientierten göttlichen Einwirkung, die den Löwen dazu bewegen würde, sich friedlich neben das Schaf zu legen, sondern dank der Einsicht vernünftiger Menschen, die sich der Sache selbst angenommen haben. Die Bedeutung dieser Erfindung und die Schwierigkeit, sie in die Tat umzusetzen, sind Gegenstand des folgenden Essays.

II
Priester und Fürsten:
800–1789

Die Geschichte Europas ist sicherlich nicht typisch für die Weltgeschichte, und man wird mich ganz zu Recht fragen, warum ich sie in den Mittelpunkt meiner Betrachtungen stelle. Es gibt dafür zwei Gründe. Zum einen habe ich nur für die europäische Geschichte das hinreichende Wissen. Was ich über andere Regionen zu sagen hätte, wäre oberflächlich, wo nicht gar falsch. Zum zweiten, und das ist der entscheidende Grund, hat sich gerade in Europa und, davon ausgehend, in Nordamerika, jener Diskurs über Krieg und Frieden entwickelt, der jetzt zum Gegenstand weltweiter Diskussionen geworden ist. Über den Frieden und wie er zu erreichen sei, denken wir immer noch in Begriffen, die ihren Ursprung in der europäischen Aufklärung haben und seither kaum verändert wurden; den Krieg verstehen wir anhand von Kategorien, die Clausewitz und die Praxis der westlichen Kriegsführung in den letzten fünfhundert Jahren entwickelt haben, während für die Beziehung zwischen beiden die Lehren des Christentums und die seit dem siebzehnten Jahrhundert entstandenen Auffassungen westlicher Rechtsgelehrter maßgebend sind. Was klassische oder europäische Quellen zu dieser Problematik beizutragen haben, hat sich so tief in unser Denken eingesenkt, daß es wohl nur den wenigsten überhaupt bewußt ist.

In den tausend Jahren zwischen dem achten und achtzehnten Jahrhundert war die europäische Gesellschaft vermutlich außerordentlich kriegerisch, was zu ihrer späteren globalen Vorherrschaft sehr viel beigetragen hat. Aber sie mußte kriegerisch sein, wenn sie überleben wollte. Im fünften Jahrhundert war die hegemoniale Friedensordnung des römischen Reiches zusammengebrochen und es begann die Zeit der Völkerwanderung.

Immer häufiger drangen Stammesvölker aus dem Osten nach Westeuropa ein, ließen sich dort nieder und vertrieben die einheimische Bevölkerung. In diesen jahrhundertelangen Kämpfen bildete sich eine Kriegerkaste heraus, deren Anführer lokalen Schutz gewährleisteten und mit ihren Familien den Kern einer Gesellschaft ausmachten, deren Strukturen den Erfordernissen einer für dauerhaft gehaltenen Kriegsführung entsprachen. Die Macht dieser Kaste wurde nicht nur angesichts der ständig lauernden Bedrohung durch Magyaren, Wikinger oder Muslime gefestigt und legitimiert, sondern auch durch die Kooperation einer Kirche, die der existierenden Ordnung göttliche Vollmacht verlieh und zugleich eine bürokratisch versierte Schicht von Gelehrten stellte.

Die Kirche mußte sich mit dem Problem auseinandersetzen, wie die Lehre von einer göttlichen Ordnung, in der alle Differenzen ausgesöhnt waren und universeller Friede herrschte, mit der Wirklichkeit einer vom Krieg zerrissenen Welt, in der ihr eigenes Überleben von der Gunst und dem Schutz erfolgreicher Kriegsherren abhing, zu vereinbaren war. Die Lösung hatte bereits Augustinus im vierten Jahrhundert angeboten. Der Krieg gehörte für ihn notwendigerweise zum Dasein des Menschen, der sowohl Bewohner des Gottesstaates war als auch Bürger eines weltlichen Reiches, das, trotz aller Unzulänglichkeiten, eine wesentliche

Priester und Fürsten

Rolle im Schöpfungsplan spielte und folglich durchaus zu Recht seinen eigenen Tribut fordern durfte.

Der Krieg gegen die Feinde des Christentums war ohnehin gerechtfertigt, das Alte Testament bot Gründe und Anschauungsmaterial zuhauf. Aber auch Kriege innerhalb der Christenheit galt es zu akzeptieren, entsprangen sie doch der sündhaften Natur des Menschen. Allerdings waren sie an sich verwerflich und bedurften daher einer strengen Reglementierung, die über die Jahrhunderte immer weiter ausgefeilt wurde. Der Krieg zwischen Christen sollte unter einer rechtmäßigen Autorität und lediglich als letztes Mittel geführt werden: als Vergeltung eines Unrechts und ohne mehr Schaden anzurichten, als unbedingt nötig war, um das gesetzte Ziel zu erreichen. Seine grundlegende Aufgabe bestand darin, die von der Kirche sanktionierte weltliche Ordnung aufrechtzuerhalten, der letztlich Frieden, Gerechtigkeit und Schutz für alle Christen zu verdanken waren. Die Kämpfenden erfüllten Gottes Zwecke nicht weniger als die Betenden oder die Arbeitenden. Diese dreigliedrige Ständehierarchie behielt Geltung, bis sie von den Führern der Französischen Revolution abgeschafft wurde. An ihre Stelle trat das Konzept einer einheitlichen Nation, die einzig durch den dritten Stand unter Ausschließung der anderen beiden repräsentiert wurde.

Krieg galt somit als integraler Bestandteil der gesellschaftlichen und politischen Ordnung, und der Krieger war als Diener Gottes anerkannt. Sein Schwert war ein Symbol des Kreuzes. Eine Kultur der Ritterlichkeit entstand, die wenig mit der nackten Wirklichkeit des Krieges und überhaupt nichts mit den höchst brutal ausgetragenen Feldzügen gegen Ungläubige zu tun hatte. Die Angleichung von Krieger und Priester wurde durch das

Die Erfindung des Friedens

Konkordat zwischen der mächtigsten Familie in Westeuropa, den Karolingern, und der christlichen Kirche im Westen befestigt und im Jahre 800 n. Chr. durch die Krönung Karls des Großen zum Kaiser des Heiligen Römischen Reiches besiegelt. Karl war somit Erbe der zwar untergegangenen, aber immer noch respektierten Vorherrschaft Roms und zugleich der höchste weltliche Vertreter des Katholizismus. Allerdings reichte seine Macht nicht aus, diese imaginäre Hegemonie über seine Generation hinaus zu bewahren. In der Folgezeit wurde sein Herrschaftsgebiet zu wiederholten Malen geteilt und auf andere Herrscher übertragen. Dennoch behielt die Idee des Heiligen Römischen Reiches bis zum Westfälischen Frieden von 1648, wenn nicht gar bis zum endgültigen Niedergang des Reichs im Jahre 1803, einen hohen Stellenwert. Sie war der Beginn der vielen neuen Weltordnungen, deren bisweilen melancholisch stimmende Abfolge auf den nächsten Seiten aufgezeichnet wird.

*

Es ist wichtig zu begreifen, warum die Hegemonie des Heiligen Römischen Reiches von Anfang an eher ein Konstrukt als politische Wirklichkeit war. Um die weitgesteckten Grenzen zu verteidigen und die innere Ordnung aufrechtzuerhalten, benötigte man mobile Truppen, Ritterheere, die auszubilden und zu unterhalten alles andere als billig war. In einer Wirtschaft ohne nennenswerten Geldverkehr konnten ihre Dienste nur mit Land vergolten werden, das, einmal übereignet, kaum wieder zurückzuerlangen war. Allen Treueschwüren zum Trotz wurde das den Lehnsherren zugesprochene Territorium zur Grundlage ihrer eigenen Macht, die sie

Priester und Fürsten

durch feste Burgen zu schützen wußten. Für deren Niederkämpfung bedurfte es teurer Heere von Spezialisten und langwieriger Feldzüge. Nachdem die Invasorenwellen des achten und neunten Jahrhunderts – Moslems, Magyaren, Wikinger – verebbten oder absorbiert waren, blieb ein politisch völlig zersplittertes Europa zurück, aufgeteilt unter Tausenden von Herrschern, die alle ihre eigene Machtbasis besaßen und deren Loyalität einem Oberherren galt, dessen Autorität nur soweit reichte, wie er sie durchzusetzen wußte. Sobald die äußere Bedrohung wegfiel, gegen die sie sich hatten verbünden müssen, konnten sie sich in endlose Auseinandersetzungen über Eigentumsrechte verstricken. Krieg war jetzt kein Kampf ums Überleben mehr, sondern eine Art von Rechtsstreit, der, wie alle Rechtshändel, lediglich durch die Ressourcen der Prozeßbeteiligten begrenzt wurde. Bei diesen Konflikten gab es mehr Verlierer als Gewinner. Vielleicht ein Dutzend Familien errang die Vorherrschaft, die übrigen Mitglieder der Kriegerkaste verarmten und blieben ohne Beschäftigung, falls nicht gerade ein Kreuzzug ausgerufen wurde, der sie abzulenken vermochte und ihnen eine gewisse Befriedigung verschaffte. Im vierzehnten Jahrhundert dann war diese militante Aristokratie eher ein Quell der Unordnung denn der Ordnung geworden, doch ihre Angehörigen blieben noch lange nach dem Verlust ihrer politischen Macht gesellschaftlich und kulturell dominant. Den Frieden betrachteten sie als kurzes Intervall zwischen Kriegen, das immerhin mit kriegsähnlichen Handlungen belebt werden konnte: Turniere und, in zunehmenden Maße, die Jagd hielten fit für den nächsten ernsthaften Konflikt. Diese Gewohnheit hat sich bis zum heutigen Tag in den Oberschichten erhalten, was sich an der ungebroche-

Die Erfindung des Friedens

nen Leidenschaft für Jagen, Fischen und ähnliche Freizeitaktivitäten abzeichnet. Dennoch hatte diese Kultur auch eine positive Seite: Eine Gesellschaft, die Eigenschaften wie Würde, Ehre, Loyalität, ja selbst Ritterlichkeit verachtete, wäre, auch wenn diese Eigenschaften oft mißbraucht wurden, in beklagenswerter Weise verarmt.

Gerade weil Krieg für die herrschenden Klassen auch weiterhin eine fast automatisch betriebene Tätigkeit war, die zur natürlichen Ordnung der Dinge gehörte, blieben bewaffnete Konflikte um Territorien, Erbschaften und Loyalitätspflichten bis ins siebzehnte Jahrhundert hinein an der Tagesordnung, oftmals verschärft durch religiöse Differenzen. Aber je länger sich diese Kriege hinzogen, desto schwächer wurde die Macht des alten Adels gegenüber der der fürstlichen Dynastien, deren Unabhängigkeit durch das Ritual der Inthronisierung legitimiert wurde und die dadurch die direkte Treuepflicht aller Untertanen ihres Reichs einfordern und Steuern erheben konnten, um ihre Feldzüge zu finanzieren. Die wurden immer teurer, weil schon für etwas umfangreichere kriegerische Unternehmungen bezahlte Berufssoldaten engagiert werden mußten. Die alten Ritter mußten ihre Vorherrschaft auf dem Schlachtfeld einem Fußvolk überlassen, das ausgezeichnet mit Bogen, Piken und, später dann, Musketen umzugehen verstand. Von höchster Bedeutsamkeit war die Entwicklung von Kanonen, der *ultima ratio regum,* mit deren Hilfe Könige die Burgen allzu mächtiger Untertanen innerhalb von Wochen, wenn nicht gar Tagen, in Schutt und Asche legen konnten. Dafür allerdings brauchten die Fürsten Geld, das sie durch Anleihen oder direkte Besteuerung ihrer Untertanen aufbrachten. Die Vertretungen der Untertanen versuchten im Gegenzug,

Priester und Fürsten

mehr oder weniger erfolgreich, politische Konzessionen auszuhandeln, wobei es zumeist um die Bestätigung oder Ausweitung ihrer Rechte und Privilegien ging. Vor allem in England waren diese Gremien außerordentlich erfolgreich. Andernorts, besonders in Deutschland, gerieten sie zu historischen Kuriositäten. Überall jedoch wuchs, als Ergebnis der intensiver werdenden Wechselbeziehung zwischen Fürsten und Untertanen, ein neues Gebilde heran, das fortan die Grundlage der internationalen Ordnung bilden sollte: der Staat.

*

Ein wichtiges Element bei der Entstehung des Staates war die Unterminierung der klerikalen Rechtfertigung mittalterlicher Machtstrukturen im Zuge der Reformation. Abtrünnige Kleriker unterstützten abtrünnige Fürsten und umgekehrt. Mit Hilfe einer Kirche, deren geistige Autorität noch in die entlegensten Winkel hineinwirkte, konnten Fürsten sich von der höheren Autorität des Papstes und des Kaisers lösen und den Beistand der Bevölkerung einfordern, den sie auch erhielten. Der Grund dafür lag weniger in einem erwachenden Nationalbewußtsein – das im England Shakespeares durchaus existierte –, denn in schlichter Fremdenfeindlichkeit: Die Kirche sollte nicht von Ausländern beherrscht werden. Zugleich förderten die Fürsten das Wachstum einer gebildeten Laienschicht, um ihre wuchernde Bürokratie personell besetzen, ein mittlerweile vollständig säkularisiertes Rechtssystem handhaben und ganz allgemein die Staatsmacht ausüben und legitimieren zu können. Und mit dem Staat entstand eine neue ›neue Ordnung‹, in der Terminologie der Politologen: ein Staatensystem.

Die Erfindung des Friedens

Die Geburt dieser neuen Ordnung gestaltete sich äußerst schmerzhaft. Obgleich die Kultur im Europa des sechzehnten Jahrhunderts allmählich säkularisiert wurde, blieb sie doch zugleich kriegerisch. Tatsächlich bildete sich der ganze Staatsapparat in erster Linie deshalb heraus, um den Fürsten die Kriegsführung zu ermöglichen. Diese Fürsten begriffen sich fast ausnahmslos – und galten auch in den Augen ihrer Untertanen – vor allem als Feld-Herren. Sie nahmen jede Gelegenheit wahr, ihre Macht auszubauen. Im vierzehnten und fünfzehnten Jahrhundert kämpften die vorherrschenden europäischen Fürstenhäuser erbittert um Erbfolgerechte. Diese Auseinandersetzung spitzte sich im sechzehnten Jahrhundert zu, als die Habsburger versuchten, gegen alle ausländischen Rivalen und abtrünnigen Untertanen, die zumeist von Frankreich angeführt wurden, die Hegemonie über nahezu ganz Westeuropa zu erlangen. Das führte vom frühen sechzehnten bis zur Mitte des siebzehnten Jahrhunderts zu fast ununterbrochenen kriegerischen Auseinandersetzungen, deren Kosten selbst die mächtigsten Fürsten schließlich nicht mehr aufzubringen vermochten. Die von ihnen erhobenen Steuern führten wiederholt zu Aufständen. Ganze Armeen meuterten, weil der Sold ausblieb. Da die Bürokratie unfähig war, das Heer zu verwalten, mußte die Rekrutierung, Bezahlung und Führung Söldnern überlassen werden, die den Krieg nach ihrem Gusto führten und bei ausbleibenden Zahlungen ihre Verluste auf Kosten jener Völker beglichen, die das Pech hatten, nahe der Schlachtfelder zu leben. Die alte Ordnung war unwiderruflich zusammengebrochen und eine neue nicht in Sicht.

Als Geburtsdatum dieser zweiten neuen Weltordnung gilt im allgemeinen der Westfälische Friede von

Priester und Fürsten

1648. Nun gewährleistete der Staat, und nur er, die innere Ordnung, so wie er den Krieg gegen äußere Feinde legitimierte. Die Geschichte Europas wurde jetzt durch die Beziehungen seiner Staaten bestimmt, und die zwischenstaatliche Ordnung hing von deren Fähigkeit ab, eine effektive internationale Gesellschaft hervorzubringen. Auch in dieser Gesellschaft war Krieg, aus Gründen, auf die wir gleich zu sprechen kommen, gang und gäbe. Keineswegs unwesentlich allerdings war ein Gebilde, das im Rückblick als *ancien régime* bezeichnet wurde: eine sich wechselseitig stützende Dreifaltigkeit von Monarchie, Kirche und Aristokratie.

Die absolute – das heißt, von jeglicher äußeren Kontrolle befreite – Macht des Souveräns wurde durch den Westfälischen Frieden anerkannt, aber ihre Wirksamkeit nach innen hing von der Fähigkeit des Fürsten ab, sowohl die althergebrachten Machtansprüche der Aristokratie im Zaum zu halten als auch die neuen des dritten Standes, der im wesentlichen aus Kaufleuten, Handwerkern und einem städtischen Bürgertum bestand. In Preußen waren die Hohenzollern in dieser Hinsicht überaus erfolgreich, während die Stuarts in England und Schottland kläglich versagten. Die französischen Bourbonen gingen, ebenso wie die Habsburger in Spanien und Mitteleuropa, hinter der Fassade höfischen Prunks unbehagliche Kompromisse ein. Die Autorität und Macht dieser Fürsten zeigte sich im Wetteifer um die Förderung der Künste und den Glanz ihrer Höfe. Auf dem Höhepunkt ihrer Macht schufen sie eine Kultur, deren erlesene Früchte architektonischer, musikalischer, literarischer und künstlerischer Vollkommenheit wir heute wahrscheinlich sehr viel besser genießen können als die kleine, in höfische Protokolle und Kostüme eingezwängte Minderheit der damaligen Zeit.

Die Erfindung des Friedens

Dennoch bezogen diese Fürsten noch bis zur Mitte des achtzehnten Jahrhunderts ihr – und sei es auch verblichenes – Prestige aus ihrem Status als Kriegsherren, dem auch die höfische Ikonographie willfahrte. Und das war keinesfalls ein Anachronismus. Immer noch hingen Macht, Ansehen und bisweilen die nackte Existenz eines Staates von seinen militärischen Erfolgen ab. Während die militärische Führungskraft ihrer Herrscher Preußen und Rußland zu europäischen Mächten machte, ließ der Mangel an solcher Führungskraft Schweden in Zweitklassigkeit absteigen und Polen dem Vergessen anheimfallen.

Entscheidend für die Macht des Fürsten war die unterstützende bis unterwürfige Haltung der Kirche. Die Reformation hatte in ganz Nordeuropa protestantische Kirchen geschaffen, die ihre Existenz einzig den weltlichen Herrschern verdankten und denen sie daher im Gegenzug treu dienten. In Südeuropa hatten die Habsburger und die katholische Kirche ihre wechselseitige Abhängigkeit erkannt und miteinander die Barockkultur hervorgebracht, deren ehrfurchtgebietende Bauwerke den gläubigen Untertanen eine gleichermaßen Christus wie Cäsar geltende Verehrung abnötigten. In Frankreich distanzierte sich die Kirche soweit wie möglich vom Papsttum, um sich der weltlichen Macht der Krone willig unterzuordnen. Dafür garantierten ihr die Monarchen das Monopol auf die religiöse Lehre und Verkündigung, was sie wiederum dazu befähigte, soziale Kontrolle über eine Bevölkerung auszuüben, deren christlicher Glaube noch nicht durch die ersten Regungen kritischen Denkens innerhalb einer kleinen Gruppe von Gelehrten erschüttert worden war.

Und schließlich gab es eine Aristokratie, deren lokale Macht in einer immer noch überwiegend bäuerlichen

Priester und Fürsten

Gesellschaft nahezu uneingeschränkte Geltung besaß und die der König bereitwillig unterstützte, solange sie sein unbedingtes Vorrecht anerkannte, Steuern zu erheben und Krieg zu führen – zwei Funktionen, ohne die, wie sich am Beispiel des unglücklichen Polen zeigen läßt, kein Staat überleben konnte. Die Prachtentfaltung am königlichen Hof diente nicht einfach dekorativen Zwecken, sondern hatte einen politischen Stellenwert: Sie sollte nicht nur andere, rivalisierende Königshäuser überstrahlen, sondern auch den möglichen Übermut der Aristokraten dämpfen, deren eigener Glanz lediglich als Abglanz der fürstlichen Macht erscheinen durfte. Im Gegenzug hatte der Adel alleinigen Anspruch auf die Ämter und Positionen am Hofe, von denen es folglich geradezu absurd viele gab. Und natürlich gebührten den Aristokraten die oberen Ränge in der Armee – einer Armee, die nunmehr vom Staat ausgehoben, bezahlt, eingekleidet und ausgebildet wurde und einzig der Krone zu Loyalität verpflichtet war. Doch dafür mußte ein hoher Preis entrichtet werden. Die höfische Kultur isolierte selbst die willensstärksten Monarchen von der übrigen Gesellschaft, und das zu einer Zeit, in der sich gewaltige soziale Veränderungen anbahnten, während eine aristokratische Offiziersschicht schon gefühlsmäßig allen militärischen Entwicklungen, die die tradierte Art der Kriegsführung in Frage stellten, feindlich gesonnen war.

*

So sah das Modell des *ancien régime* aus, das sich zunächst im Frankreich des siebzehnten Jahrhunderts unter Ludwig XIV. zu voller Blüte entfaltet hatte, aber schon bald auf dem gesamten Kontinent nachgeahmt

Die Erfindung des Friedens

wurde. Nur in den mittlerweile vereinigten Königreichen von England und Schottland (ungenauerweise zumeist als England bezeichnet) entwickelte sich ein völlig anderes System, das noch heute existiert und wahrscheinlich auch noch einige Zeit überdauern wird. Im siebzehnten Jahrhundert hatte sich in England, zum Teil auch in Schottland, die ehedem kriegerische Aristokratie in verheerenden Kriegen aufgerieben und war von der Tudor-Dynastie durch loyale Hofleute und Bürokraten ersetzt worden, die sich als fähige Großgrundbesitzer und Verwalter erwiesen, mit ihren Titeln und Ländereien aber nicht unbedingt die Neigung oder Begabung zur Kriegsführung ererbt hatten. Dank der Insellage waren sie auch nicht gezwungen, dergleichen zu entwickeln, und wo es solche Gelüste gab, wie etwa im niederen Landadel oder bei der Gutsherrenschaft, konnten sie auf See oder in überseeischen Gebieten ein reiches Betätigungsfeld finden. Da die Gefahr einer Invasion sehr gering war, brauchten die Engländer eine Armee lediglich, um die rebellischen Iren niederzuhalten. Nur 1640 spitzte sich die Lage zu, aber die Gefahr ging nicht vom Kontinent, sondern, als Folge innerer religiöser Konflikte in England, von Schottland aus. Der Versuch der Stuarts, gegen die schottische Bedrohung eine Armee auf die Beine zu stellen, gipfelte in einem Bürgerkrieg, den sie vollständig verloren. Gegen Ende des siebzehnten Jahrhunderts waren sie durch eine Oligarchie von Großgrundbesitzern und Kaufleuten ersetzt worden, die Krone und Kirche den Interessen einer ihrem Wesen nach bürgerlichen Kultur unterwarfen, der es eher um die Vermehrung von Reichtum als um die Demonstration militärischer Stärke ging. Eine Armee wurde aus drei Gründen benötigt: Zum einen, um, wie bereits erwähnt, Aufstände in Irland zu unterdrücken, zum zweiten, um bei den Machtkämpfen auf dem Kontinent, in die Britannien durch die hegemonialen Bestrebungen Ludwigs XIV. hineingezogen worden war, nicht abseits zu stehen, und zum dritten, um die wachsenden überseeischen Besitzungen durch Garnisonen zu befestigen und zu verteidigen. Die Notwendigkeit, eine Kriegsflotte zu unterhalten, verstand sich von selbst. Doch infolge eines sehr britischen Kompromisses wurden Flotte und Heer, obwohl sie im Namen der Krone agierten und der Person des Monarchen zu Loyalität verpflichtet waren, jedes Jahr vom Parlament bezahlt. Somit waren sie als Instrumente königlicher Macht wirkungsvoll neutralisiert.

Damit soll nicht behauptet werden, daß die herrschenden Klassen im England des achtzehnten Jahrhunderts sich besonders friedliebend gezeigt hätten. Sie mögen bürgerlich gewesen sein, aber sie blieben kriegerisch, und sei es nur, weil Krieg ihren Wohlstand mehrte. Erst spätere Generationen sollten Wohlstand mit Frieden in Verbindung bringen; aber im achtzehnten Jahrhundert war dieser Zusammenhang noch keineswegs klar. Für die Kaufleute hing der ungestörte Handel mit Ost- und Westindien von der Kampfkraft der königlichen Flotte ab. Für die Offiziere zur See wiederum konnten die Prisengelder den Erwerb eines Landsitzes ermöglichen. Für den Landadligen war ein Offizierspatent mit beträchtlichem Sozialprestige verbunden, auch wenn er dafür zahlen mußte. Und für verarmte Schotten aller Gesellschaftsschichten war die Armee der Königsweg zu einer Karriere. Doch die Offiziere der Streitkräfte blieben in der Oligarchie, der sie entstammten, fest verwurzelt, und obwohl sie prinzipiell der Krone verpflichtet waren, verspürten sie keine große Zuneigung zu den faden Deutschen, die auf dem

Die Erfindung des Friedens

Thron saßen. Offiziell schlugen sie sich für ihren König, ihrer inneren Überzeugung nach aber für ihr ›Land‹ – eine Einstellung, die in der kampflustigen, allem Fremden abgeneigten Gestalt des Kleinbauern John Bull aufs beste verkörpert war.

*

So überdauerte die Institution Krieg als Bestandteil der internationalen Ordnung im Europa des achtzehnten Jahrhunderts, zum einen, weil es immer noch gewichtige Probleme der Machtverteilung zu lösen galt, zum anderen, weil Krieg sowohl den herrschenden Klassen als auch den Fürsten als natürliches Mittel der Konfliktbewältigung galt. In Osteuropa mußte man sich immer der einfallenden Türken erwehren, während es zur See und in Übersee um den Zugang zu Handelswegen und Reichtümern ging. Dem Landkrieg allerdings waren mittlerweile einschneidende wirtschaftliche Beschränkungen auferlegt worden. Die Armeen bestanden jetzt aus ausgebildeten Berufssoldaten, die direkt vom Staat besoldet wurden. Sie in sinnlosen Feldzügen aufzureiben, wäre zu kostspielig gewesen. Da diese Armeen nicht nur bezahlt werden mußten, um effektiv zu kämpfen, sondern auch auf Nachschub angewiesen waren, mußte beträchtlicher logistischer Aufwand getrieben werden, der durch die wachsende Bedeutung der Feuerkraft einer immer beweglicheren und wirkungsvolleren Artillerie noch verstärkt wurde. Der riesige Wagentroß im Schlepptau des Heeres, der auf unbefestigten, bei Regenwetter schlammigen Straßen kaum zu bewegen war, beschränkte die Zeit, in der Feldzüge möglich waren, auf wenige Monate im Jahr. Zudem hatte man in der Befestigungskunst große Fortschritte gemacht: Hauptstraßen ließen sich jetzt sehr leicht blockieren, wodurch Feldzüge oft zu eher langwierigen Belagerungsaktionen gerieten, was den Krieg immer kostspieliger und seinen Ausgang ungewisser machte. Frankreich und Preußen waren nach dem Siebenjährigen Krieg bankrott, und in den fünfundzwanzig Jahren danach sollte es in Europa keinen ernsthaften Konflikt mehr geben. Gibbon bezeichnete die Kriegsführung dieser Epoche recht zufrieden als ›gemäßigt und unentschlossen‹, während der preußische General Clausewitz enttäuscht von einer Zeit sprach, in der die Armeen sich selbst aufgerieben hätten. Der französische Militärschriftsteller Guibert beklagte den Niedergang einer Gesellschaft, die zu ernsthaftem Kampf offensichtlich nicht mehr in der Lage sei und sich damit der Gnade eines jeden ausliefere, der sich noch zum Krieg entschlossen zeige.

Diese Form begrenzter Kriegsführung, die einigen dekadent, anderen zivilisiert vorkam, ermöglichte und verstärkte die aus dem Westfälischen Frieden hervorgegangene Idee einer internationalen Ordnung. Bis 1648 hatten sich noch Reste des mittelalterlichen Konzepts einer in danteskten Abstufungen von Gott übertragenen Autorität erhalten, bei der säkulare, kirchliche und himmlische Hierarchien einander entsprachen und reflektierten. Als in der zweiten Hälfte des siebzehnten Jahrhunderts sich Staaten herausbildeten, deren Herrscher insofern absolut waren, als sie keiner über ihnen stehenden Autorität mehr gehorchen mußten und ihre Untertanen unmittelbar regierten, gewann eine neue, von Newton inspirierte Vorstellung Geltung. Für sie wurde die Ordnung durch zwischenstaatliche Beziehungen gewährleistet, so wie die Beziehungen zwischen den Planeten die Ordnung des Universums auf-

Die Erfindung des Friedens

rechterhielten. Mit Beginn des achtzehnten Jahrhunderts wurde die Wahrung des Friedens als Wahrung des Kräftegleichgewichts betrachtet, wobei dieses Gleichgewicht, bis zur Mitte des neunzehnten Jahrhunderts, falls notwendig, durch Kriege ständig justiert werden mußte. Tatsächlich galt die ›Wahrung des Kräftegleichgewichts‹ dem britischen Parlament explizit als Grund für die Aufrechterhaltung eines stehenden Heeres. Kriege waren auch weiterhin Bestandteil der internationalen Ordnung. Es galt jedoch, stets das Gleichgewicht zu berücksichtigen, um dessentwillen sie ausgefochten wurden und zugleich den Friedensschluß zu bedenken, mit dem sie enden sollten. Der Adel mochte Krieg immer noch als eine normale gesellschaftliche Betätigung sehen, die keiner Rechtfertigung bedurfte, aber für ›aufgeklärte Despoten‹ wie Preußens Friedrich II. oder Österreichs Joseph II. war er lediglich ein notwendiges Mittel zur Ausübung und Aufrechterhaltung der Staatsgewalt, auch wenn dieses mittlerweile so teuer geworden war, daß es tunlichst vermieden werden sollte. Staaten hatten ein Recht darauf, Krieg zu führen, wenn sie es für notwendig erachteten, und die Staatspolitik war ein vollkommen angemessenes *ius ad bellum*. Der bedeutende holländische Völkerrechtler Hugo Grotius hatte in der ersten Hälfte des siebzehnten Jahrhunderts versucht, die von der katholischen Kirche entwickelte Lehre vom gerechten Krieg zu säkularisieren, indem er unter Rückgriff auf die traditionelle Terminologie das Recht, Krieg zu führen, auf die Bewahrung der Gerechtigkeit und die Vergeltung von Unrecht gründete; aber sein Nachfolger, Emer de Vattel, lehrte im achtzehnten Jahrhundert, daß solche Begründungen bedeutungslos seien, wenn beide Parteien sich im Recht glaubten und es keine höhere Autorität gebe, um zu schlichten. Nunmehr ging es um das *ius in bello*, das heißt, Krieg mußte geführt werden, ohne die internationale Gesellschaft insgesamt nachhhaltig zu schädigen, und er sollte einen stabilen Friedensschluß ermöglichen.

*

Diese rationale Deutung des Krieges läßt sich, zumindest teilweise, auch auf soziale Veränderungen zurückführen. Westeuropa wurde wohlhabender und urbanisierter, das Bürgertum einflußreicher und gebildeter, während die geistige Vorherrschaft der Kirche allmählich zurückging. In dieser Situation wuchs eine Gruppe von Denkern heran, die die Vorhut der größten geistigen Revolution in der Geschichte der Menschheit bildeten: der Aufklärung. Sie verwarf die traditionelle Vormundschaft von Thron und Kirche und setzte an ihre Stelle die Vernunft und das individuelle Urteil als einzig rechtmäßiges Fundament geistiger und politischer Autorität. Die führenden Köpfe der Aufklärung – die französischen *philosophes*, die deutschen ›Publizisten‹, die schottischen Moralphilosophen und die englischen *Nonconformists* – waren nicht nur von der herrschenden Dreieinigkeit des *ancien régime*, also von Monarchie, Kirche und Aristokratie, unabhängig, sondern suchten dessen gesamte Kultur zu untergraben. Für sie war Krieg nicht Bestandteil der natürlichen Ordnung oder notwendiges Instrument der Staatsgewalt, sondern ein törichter Anachronismus, den nur diejenigen weitertrugen, die von ihm profitierten. Ihre pazifistische Regung entsprang keinem humanitär begründeten Abscheu oder gar einer Kriegsmüdigkeit – die wenigsten hatten Krieg unmittelbar erlebt –, sondern der Auffassung, daß Krieg zu einem Gesellschaftssystem gehörte, von dem sie sich nicht nur lossagen, sondern das sie letztendlich zerstören wollten.

Paradoxerweise wurde diese Kritik gerade durch die eingeschränkte Kriegsführung des achtzehnten Jahrhunderts möglich. In Frankreich war der Mittelstand vom Militärdienst befreit, um einer zunehmend verarmenden Aristokratie wenigstens noch die militärische Karriere zu ermöglichen (wobei darauf hingewiesen werden muß, daß zu den bedeutendsten Persönlichkeiten der Aufklärung Mitglieder des niederen Adels und des Klerus zählten, die keine höfischen Privilegien genossen).

Auch in Preußen sollte der Mittelstand, statt strammzustehen, lieber die für den Krieg notwendigen Steuern zahlen. Gerade weil das Bürgertum so wenig involviert war, konnte es Krieg als eine Aktivität ansehen, der Monarchen, Aristokraten und der Abschaum der Gesellschaft zu ihrem eigenen Vergnügen und Vorteil nachgingen. Zivilisierten Menschen hingegen war er fremd und zudem gänzlich überflüssig. Daher würde er unvermeidlich verschwinden, sobald die Vernunft sich durchgesetzt hatte.

In Großbritannien war die Situation, wie wir bereits gesehen haben, etwas anders. Dort profitierte der Kaufmannsstand vom Krieg und unterstützte ihn selbstverständlich. Doch es gab auch eine starke Opposition, die sich im wesentlichen aus den Nonkonformisten rekrutierte. Diese evangelischen Gemeinschaften waren seit der Restauration von 1660 von der Machtausübung ausgeschlossen worden, gewannen aber im achtzehnten Jahrhundert, als die rasche Entwicklung von Handel und Industrie ihnen zu Wohlstand und gesellschaftlicher Anerkennung verhalf, zunehmend an Einfluß. Aufgrund ihrer politischen Randstellung verband sie nichts mit der von der anglikanischen Kirche unterstützten und auf der Herrschaft von Monarchie und Landadel basierenden staatlichen Ordnung. Stärker noch als vom aufklärerischen Rationalismus wurden sie vom Glauben an eine göttliche Ordnung getragen, die sich nicht auf kirchliche Autorität, sondern auf das individuelle Gewissen und eine ökumenische Bruderschaft gründete. Dadurch lieferten sie der Aufklärung eine eindeutig religiöse Motivation, die ihr auf dem Kontinent fehlte.

Einige dieser Leute waren es auch, die sich im siebzehnten und achtzehnten Jahrhundert in Nordamerika niederließen und dort eine Gesellschaft bildeten, deren herrschende Schicht ihren Aufstieg zur Macht erstmalig nicht mit vergangenen oder gegenwärtigen militärischen Aktivitäten rechtfertigte. Thomas Jefferson bezeichnete diese Schicht als eine ›Aristokratie der Talente und Tugenden‹, was vielleicht etwas zu hochgegriffen war; doch die gebildeten Juristen und Großgrundbesitzer, aus denen sich die herrschende Klasse in den amerikanischen Kolonien rekrutierte, leiteten ihren Führungsanspruch gewiß nicht, wie noch zur selben Zeit die europäischen Eliten, aus der militärischen Tapferkeit ihrer Vorfahren ab. Die Gründergeneration der Vereinigten Staaten folgte einer durch und durch aufklärerischen Philosophie, die auf dem Glauben an die Rechte und Vervollkommnungsfähigkeit des Menschen beruhte, an seine Fähigkeit zur Selbstbestimmung in Frieden und Freiheit, sobald die den Weg dorthin versperrenden künstlichen Schranken – Monarchie, Aristokratie und etablierte Kirche – erst einmal niedergerissen waren.

Dieses optimistische Menschenbild, das einem aufgeklärten Christentum entspringt und das die Friedens-

Die Erfindung des Friedens

bewegungen des neunzehnten Jahrhunderts so entscheidend beeinflussen sollte, blieb jedoch im wesentlichen auf den Nordosten der Vereinigten Staaten beschränkt. Im Westen und Süden waren ganz andere Erfahrungen ausschlaggebend. Hier brachte die durch Grenzkonflikte und Eroberung weiter Räume geprägte Siedlermentalität eine Kriegskultur hervor, die keine feudaladligen Züge mehr trug, sondern die gewalttätigen Züge einer *frontier society*. Der Wilde Westen wurde später, nicht zuletzt durch zahllose Filme, zu einem Mythos, der schließlich das amerikanische Bewußtsein ebenso prägte wie einst die nordischen Sagen, die Kultur der Wikinger oder die *chansons de geste* die Vorstellungswelt des feudalen Europa. Seine Mentalität kannte keinen Fortschritt hin zu einer friedlichen Gesellschaft, sondern nur den fortwährenden Kampf, bei dem der Einsatz von Gewalt durch das individuelle Gewissen und die nackte Notwendigkeit statt durch den Verweis auf die Autorität von Staat und Kirche gerechtfertigt wurde. Verständlicherweise blieb sie auf den engen Horizont der Siedlung beschränkt, deren Ordnung zu sichern so zeitraubend war, daß weitergehende Überlegungen mit Blick auf eine globale Organisation nicht angestellt werden konnten. Als etwa einhundert Jahre später diese globale Organisation möglich und notwendig wurde, verknüpfte sich im Bewußtsein vieler Amerikaner damit nicht das Bild einer zwischenstaatlichen Machtbalance, sondern die Vorstellung, daß Recht und Ordnung gegen Störenfriede zu schützen seien, wobei dieser Schutz von einem Sheriff und seinen Hilfskräften, dem *posse comitatus*, zu gewährleisten war. Versagte diese Instanz infolge menschlicher Unfähigkeit und Korrumpierbarkeit, mußte eine Handvoll anständiger Männer den Geboten

Priester und Fürsten

des inneren moralischen Gesetzes folgen und die Sache in ihre eigenen Hände nehmen. Diese amerikanische populistische Kampfbereitschaft, die in Anlehnung an Andrew Jackson, den ersten volkstümlichen Präsidenten der Vereinigten Staaten, von manchen Historikern als ›Jacksonianismus‹ bezeichnet wurde, vertrug sich nur schlecht mit den friedenspolitischen Bestrebungen der Jeffersonschen Oligarchie, sollte aber die feudale Kriegskultur der Europäer noch lange überdauern.

*

Die Vorstellung, daß die Menschen zur Erkenntnis eines universellen moralischen Gesetzes fähig seien, bestimmte auch die Philosophie von Immanuel Kant, einem der bemerkenswertesten Vertreter der Aufklärung.

Während die *philosophes* in Frankreich mehrheitlich der Überzeugung anhingen, daß der Mensch von Natur aus gut und nur durch die gesellschaftlichen Institutionen verdorben worden sei – die natürliche Tugend sich mithin durch politische Reformen wiederherstellen lasse, was schließlich zum friedlichen Zusammenleben der Menschen führen werde – war Kant in dieser Hinsicht sehr viel skeptischer. Für ihn war der Mensch ›aus krummem Holze‹ gemacht, aus dem ›nichts ganz Grades gezimmert‹ werden könne. Allerdings sah auch er das Hauptproblem in der Vorherrschaft monarchisch-aristokratischer Regierungen, für die der Krieg eine mehr oder weniger natürliche Lebensweise darstellte. Daraus zog Kant den Schluß, daß der erste Schritt auf dem Weg zu einer allgemeinen Friedensordnung die Errichtung von Staaten mit ›republikanischer Verfassung‹ sein müsse. Dazu sei es nicht unbedingt erforderlich, die Monarchie abzuschaffen; vielmehr solle die ›republikanische Verfassung‹ garantieren, daß alle Staatsbürger darüber entscheiden, ob ein Krieg geführt werde oder nicht, da sie diejenigen sind, die in den Kampf ziehen oder das Ganze mit ihren Steuern finanzieren. Doch sei dies zwar eine notwendige, nicht aber schon hinreichende Bedingung für den Frieden. Krieg, so warnt Kant, wird es auch weiterhin geben. Aber allmählich würden die Menschen angesichts der wachsenden Schrecken und Kosten bewaffneter Konflikte immer weniger zur Kriegsführung neigen und sich schließlich genötigt sehen, den anarchischen zwischenstaatlichen Zustand durch einen ›Völkerbund‹ zu ersetzen. Damit könne die Sicherheit, die bislang jeder Staat nur für sich angestrebt hat, kollektiv gewährleistet werden. Außerdem solle jeder Staat den Bürgern anderer Staaten ›Hospitalität‹ gewähren. Dadurch würde sich allmählich die Vorstellung von einer kosmopolitischen Gemeinschaft herausbilden. Bis dahin jedoch sei es ein langer Weg mit vielen Rückschlägen; aber ein ›Samenkorn der Aufklärung‹, wie Kant es nannte, würde alle Katastrophen überleben und den mühseligen Fortschritt schließlich zum erwünschten Ziel bringen. Für Kant war es unsere Pflicht, gemäß der Idee eines solchen vernunftbestimmten Ziels zu handeln, auch wenn sein Erreichen aussichtslos scheine. Den Frieden anzustreben galt ihm als moralischer Imperativ, wie eitel die Hoffnung auch immer erscheinen möge, ihn dereinst zu erlangen.

Wenn also jemand als Erfinder eines Friedens gelten kann, der mehr als bloß ein frommer Wunsch ist, dann ist es Kant. Fast als einziger begriff er, daß die Zerschlagung der in Europa seit dem Mittelalter entstandenen Militärstrukturen nur den Boden bereiten würde, in dem dereinst erst neue Fundamente gelegt werden könnten, die den Frieden sicherten. Bis zu seiner Erlangung, sofern es dazu überhaupt komme, würde viel Zeit vergehen. Die Menschheit stand erst am Anfang eines, wie wir heute sagen würden, langen ›Friedensprozesses‹. Daß dieser Prozeß durch die gewalttätigsten Kriege eingeläutet wurde, die Europa seit zwei Jahrhunderten erlebt hatte, hätte Kant nicht im mindesten erstaunt.

III
Völker und Nationen:
1789–1918

Es kann kaum verwundern, daß der Krieg gewalttätigere Züge annahm, je breiter die Bevölkerung mobilisiert wurde. Für das *ancien régime* war der bewaffnete Konflikt zwar eine selbstverständliche Sache, aber er wurde durch kulturelle Schranken und nicht zuletzt durch die Kosten, die er verursachte, im Zaum gehalten. Die Französische Revolution lockerte nicht nur den Geldbeutel, sondern auch die Beschränkungen für den Zugang zur Armee. So entstanden riesige Heere, die sich zunächst aus Freiwilligen, später aus Wehrpflichtigen zusammensetzten. Allerdings entsprach ihre Ausbildung, Disziplin, Bezahlung und Versorgung keinesfalls den Maßstäben, die das *ancien régime* gesetzt hatte. Mangelnde Ausbildung führte dazu, eher auf massenhaften Angriff als auf disziplinierte Feuerkraft zu setzen; mangelnde Disziplin und Bezahlung wurden anfänglich durch Begeisterung, später durch Hunger und Ehrgeiz kompensiert; mangelnde Versorgung bedeutete, daß man sich das Notwendige durch Überfälle und Plündereien besorgte. Die Größe dieser Armeen und ihre Fähigkeit, zumindest kurzfristig auf reguläre Versorgungslinien zu verzichten, ermöglichte es, Befestigungsanlagen zu umgehen; Verbesserungen im Straßenbau und genauere Karten gewährleisteten größere Beweglichkeit, und auch die Landwirtschaft war in den letzten einhundert Jahren soweit fortgeschritten, daß sich das Heer schadlos halten konnte.

Belohnung erwartete man sich nicht von einer bankrotten heimischen Regierung, sondern von Plündereien und Beutezügen auf fremdem Territorium. Die Truppen wurden von Offizieren befehligt, die ihren Aufstieg dem Talent, nicht der Geburt, verdankten. Und sie wurden von einem militärischen Genie in die Schlacht geführt: Napoleon Bonaparte verstand es nicht nur, die offensichtlichen Nachteile seiner neuen Armeen in Vorteile umzumünzen, sondern bediente sich auch mit großem Geschick jener technischen Neuerungen in der Kriegskunst, die in den letzten Jahren des *ancien régime* entwickelt wurden. Dazu gehörte vor allem eine leichte und bewegliche Artillerie, deren Feuerkraft die Angriffe der Infanterie unterstützte, die mangels Ausbildung nur in großen, unförmigen Kolonnen gegen den Feind vorrücken konnte. Bonaparte war keineswegs zufällig selbst Offizier in der Artillerie gewesen, einer weniger angesehenen Waffengattung, bei der er sich eingeschrieben hatte, weil er weder reich noch hochstehend genug war, um in die Infanterie oder Kavallerie aufgenommen zu werden. Er ist ein interessantes Beispiel dafür, welche unvorhersehbaren Auswirkungen das soziale Vorurteil auf die gesamte Kriegsführung haben kann.

Wodurch waren diese Armeen motiviert? Anfänglich war es einfach die in der *Marseillaise* gerühmte Verteidigung ihres Landes gegen Invasoren, welche von den ehemaligen Machthabern unterstützt und aufgehetzt wurden. Dieser Faktor war von enormer Bedeutung. Die französischen Armeen kämpften nicht für ihren König, sondern gegen ihn. Aber für wen kämpften sie, und wofür? Unter dem *ancien régime* gehörte der Kampf zur Lebensweise der Aristokratie, die auf Geheiß eines Monarchen in den Krieg zog, dem sie persönliche

Völker und Nationen

Treue geschworen hatte. Die Berufsoffiziere hatten sich für Geld verpflichtet und waren, wie es unter Soldaten üblich ist, in der Schlacht durch Gruppen- und Regimentsloyalität zusammengeschweißt. Die übrige Bevölkerung – Bauern, Kaufleute, der gebildete Laienstand, kurz, alles was unter die Kategorie des ›dritten Standes‹ fiel – war am Krieg nicht aktiv beteiligt. Das hatte sich mit der Revolution geändert. Nun kämpften auch sie, und zwar nicht nur für ihre jeweilige Gemeinde, sondern, wie die Bürger von Marseille, für die französische Nation, die in den ersten Jahren der Revolution Gestalt angenommen hatte. Diese Idee der Nation war für die Bewohner dessen, was später *la France profonde* genannt werden sollte, noch kaum greifbar, begeisterte aber die neuen Eliten in Paris und den Provinzstädten, die die Kontrolle über die Staatsmacht an sich gebracht hatten und ihre Vorstellungen, sei es mittels Gewalt oder Beredsamkeit, der übrigen Bevölkerung aufzwangen. Für sie war die Nation keine geographisch und sprachlich definierte Stammesgruppe, sondern eine Gemeinschaft, die die universellen Werte der Aufklärung verkörperte. Wie zwei Jahrzehnte zuvor die Gründerväter der Vereinigten Staaten, begriffen die neuen Herrscher Frankreichs ihre Nation als Fahnenträgerin, die Freiheit, Gleichheit und Brüderlichkeit der gesamten Menschheit nahebringen sollte. Sie hatten die Pflicht, die Menschheit von ihren Ketten zu befreien. Letztlich schmolz dieser Kreuzzugseifer für die Mehrheit der französischen Bevölkerung auf das eher beschränkte Konzept von *la patrie* zusammen, die Treue zum Vaterland, das ihre Erbfeinde, die Briten, schon seit einem Jahrhundert kultiviert hatten. Doch noch auf Jahrzehnte hin galt die Trikolore in ganz Europa als Bedrohung der alten Ordnung und Versprechen einer neuen.

Die Erfindung des Friedens

Anfänglich wurde die Revolution von den gebildeten Mittelschichten in ganz Europa einhellig begrüßt. Wordsworth war beseligt, in solchen Zeiten zu leben; sowohl Hegel als auch Goethe begeisterten sich für Napoleon. Andere waren weniger enthusiasmiert oder änderten, wie etwa Beethoven, ihre Meinung, als die Ereignisse ihren Lauf nahmen. Zum einen sind Soldaten nicht immer die besten Botschafter oder Missionare, vor allem dann nicht, wenn sie mangels Sold und Verpflegung sich bei denen bedienen, die zu befreien sie gekommen sind. Zum anderen verfolgte Napoleon, eine dämonische Figur, seine eigenen Ziele. Sicherlich konnte er durch seine Eroberungszüge die alte politische Ordnung beseitigen, die Reste des Heiligen Römischen Reiches hinwegfegen und die Regierungen Westeuropas rationalen Prinzipien unterwerfen und juristische wie auch administrative Prinzipien einführen, die sich bis in unsere Zeit erhalten haben. Zugleich aber verwandelte er eine den Tugenden bürgerlicher Gleichheit verpflichtete Republik in ein auf militärischer Hegemonie beruhendes Reich und Frankreich selbst in eine militarisierte Gesellschaft, in der Königreiche als Belohnungen für militärische Erfolge vergeben wurden. Die innere Stabilität beruhte somit auf fortwährendem Krieg. Was sollte aus diesen riesigen Armeen werden, wenn der Frieden dereinst ausbrach? Napoleon mobilisierte nicht nur die Regierungen des *ancien régime* gegen seine Politik, sondern auch die von ihnen beherrschten Völker, die gerade dadurch erkannten, daß sie Völker waren. Nichts weckt so rasch das Gespür für nationale Identität wie fremde Soldaten, die in der eigenen Stadt, im eigenen Dorf einquartiert werden. Mithin erlebte das napoleonische Zeitalter nicht nur die Entwicklung organisierter Kriegsführung zu Land und zur See, *la grande guerre*, in einem bisher noch nicht gekannten Ausmaß, sondern auch den *Guerillakrieg*, den Krieg von Völkern gegen Besatzungsarmeen. Beides war von großer Bedeutung für die Zukunft nicht nur Europas, sondern der ganzen Welt.

Die mit Hilfe französischer Bajonette verbreitete universelle Lehre von Frieden und Brüderlichkeit mußte irgendwann intellektuellen Widerspruch provozieren. Sie beschleunigte das Entstehen dessen, was heute als ›Gegenaufklärung‹ bezeichnet wird: die Ansicht, daß der Mensch nicht bloß ein Individuum ist, das kraft seiner eigenen Vernunft und Erfahrung Gesetze zur Schaffung einer gerechten und friedlichen Gesellschaft formulieren kann, sondern vielmehr Mitglied einer Gemeinschaft, die ihn auf eine ihm selbst nicht völlig durchsichtige Weise geformt und einen vorrangigen Anspruch auf seine Loyalität hat. In England vertrat Edmund Burke eine abgeschwächte, in Deutschland Johann Gottfried Herder eine strengere Form dieser Auffassung. Beide unterstrichen die Einzigartigkeit ihrer jeweiligen Nation – das ›Volk‹ für Herder und seine deutschen Anhänger – gegen den von der Aufklärung behaupteten Menschheitsuniversalismus. Sie verwiesen auf die Existenz von Gemeinschaften, die ihren Anspruch auf Loyalität nicht aus abstrakt-universellen Werten ableiteten, sondern auf tiefsitzenden Gefühlen gründeten, deren Macht zwingender war als die Forderungen der Vernunft. Diese Dialektik von Aufklärung und Gegenaufklärung, von Individuum und ethnischer Gemeinschaft sollte die europäische Geschichte im neunzehnten und die der Welt im zwanzigsten Jahrhundert in entscheidendem Maße prägen.

Die Napoleonischen Kriege mögen einiges dazu beigetragen haben, das Nationalgefühl zu wecken, doch

Die Erfindung des Friedens

ihr Einfluß auf die Ausbreitung demokratischer Verhältnisse ist problematischer zu sehen. Die Briten waren sich, wie bereits erwähnt, ihres einzigartigen Nationalcharakters, der mehr auf Xenophobie als auf allgemeiner Brüderlichkeit beruhte, längst bewußt. Für sie stellte der Konflikt nur eine weitere Runde im Kampf gegen den altvertrauten Feind Frankreich dar, und die Tatsache, daß gerade Frankreich die Menschenrechte proklamierte, war für viele von ihnen Grund genug, sie abzulehnen. So hat denn auch das Kriegsgeschehen zwischen 1793 und 1815 die Demokratie im Vereinigten Königreich keineswegs befördert, sondern den oligarchischen Status quo legitimiert, die herrschenden Klassen militarisiert und den politischen Reformprozeß um Jahrzehnte zurückgeworfen. Als Nationalheld galt der ultrakonservative Herzog von Wellington, der erfolgreich mit einer Berufsarmee alten Stils kämpfte, während die Flotte das Land vor einer Invasion und ihren möglicherweise traumatischen Folgen bewahrte. In Spanien widersetzten sich die Bauern mit wilder Entschlossenheit dem Eindringling aus Frankreich – unter Führung der reaktionärsten Kirche Europas und keineswegs aus abstrakter Loyalität zu ihrem Land. In Rußland und dem Habsburgerreich folgten die Untertanen eher noch williger als zuvor den herrschenden Regimen und Dynastien, deren Armeen die Kriegsführung wie gehabt betrieben. Nur in Preußen und im übrigen Deutschland setzte sich, vor allem in den gebildeten Schichten, die Einsicht durch, daß die militärische Niederlage und politische Erniedrigung nicht nur dem Versagen einer Armee, die bis dahin als beste der Welt gegolten hatte, geschuldet war, sondern auch dem Unvermögen der Führung, bei den Soldaten jene Begeisterung und Bereitwilligkeit zu wecken, mit

Völker und Nationen

denen die Heere Napoleons in die Schlacht zogen. Johann Gottlieb Fichte und Ernst Moritz Arndt, zwei Vordenker des Nationalismus, gingen davon aus, daß es eine deutsche Nation gebe, die jedoch zuallererst ins Leben gerufen, mobil gemacht und geführt werden müsse. Diese Führung aber könnten nur die Herrscher eines der autoritärsten Staaten in Europa, des Königreichs Preußen, übernehmen. Dem damaligen König und seinen Ratgebern mutete das Heilmittel, Feuer mit Feuer zu bekämpfen, schlimmer an als die Krankheit, doch sie konnten sich gegen ihre Militärexperten nicht durchsetzen. Diese veranlaßten den König, einen Aufruf zu veröffentlichen, der den bezeichnenden Titel trug ›An Mein Volk‹ (und nicht etwa ›An Meine Untertanen‹). Die preußische Armee kämpfte fortan unter dem Motto *Mit Gott, für König und Vaterland*. Die Deutschen besaßen also jetzt, wie die Briten und Franzosen, ein Vaterland, allerdings fehlte ihnen der dazu passende Staat. 1813-14 füllten sich die Reihen der preußischen Armee mit Freiwilligen und Wehrpflichtigen, wobei nicht auszumachen ist, ob dies die letzten Monate des Krieges gegen Napoleon entscheidend beeinflußt hat. Wem aber galt ihre Loyalität in erster Linie – dem König oder dem Vaterland? Selbst die Hohenzollern waren sich da nicht so sicher.

*

Schließlich war Napoleon besiegt und die Herrscher Europas hatten erstmals nach dem Westfälischen Frieden wieder die Möglichkeit, eine neue Weltordnung zu errichten. Aber es gab geteilte Meinungen darüber, wie diese beschaffen sein sollte. Die Fronten verliefen zwischen Konservativen, Liberalen und Nationalisten.

Die Erfindung des Friedens

Den Konservatismus vertraten jene Staatsmänner, die 1814 auf dem Wiener Kongreß Friedenspläne erörterten. Sie wollten zweierlei erreichen – die Macht Frankreichs eindämmen und den Einfluß der Französischen Revolution begrenzen. Die dabei federführenden Politiker, Metternich, Castlereagh und Talleyrand, waren ebenso Erben der Aufklärung wie die französischen Revolutionäre. Sie glaubten weder an ein göttliches Recht der Könige noch an die göttliche Autorität der Kirche; da jedoch Kirche und König unverzichtbar waren, um die von der Revolution so rüde gestörte innere Ordnung zu restaurieren und zu bewahren, mußte beider Autorität überall wiederhergestellt und aufrechterhalten werden. Aus diesem Grund waren die Konservativen der Auffassung, daß die internationale Stabilität nur gewährleistet werden könne, wenn einer der Grundpfeiler des bisherigen Systems gestürzt würde: die Unverletzlichkeit des souveränen Staates. Nunmehr beanspruchten die Großmächte das Recht, überall dort zu intervenieren, wo die internationale Ordnung durch innere Unruhen gefährdet schien. Allerdings führten Unstimmigkeiten zwischen ihnen dazu, daß dieser Anspruch nur zweimal, nämlich auf der iberischen Halbinsel und im politisch zersplitterten Italien, durchgesetzt wurde. Es handelte sich um relativ kurze Feldzüge, die im unmittelbaren Anschluß an den letzten Krieg gegen Napoleon stattfanden. Dennoch ließ sich dieser Riß im Gebäude des Westfälischen Friedens nie mehr richtig kitten, und er zeichnet sich auch heute wieder deutlich ab. Kant hätte diese Entwicklung sicher scharf kritisiert, gehörte doch für ihn, der die katastrophalen Folgen einer damals gegen das revolutionäre Frankreich gerichteten Intervention genau kannte, die unbedingte staatliche Souveränität zu den Vorbedingungen einer internationalen Friedensordnung. Andererseits könnte die Tatsache, daß Regierungen jetzt bereit waren, eine gemeinsame Verantwortung für die Stabilität des internationalen Systems zu übernehmen – selbst wenn diese nur dem Bedürfnis nach Selbsterhaltung entsprang –, auch als Fortschritt gegenüber der von Kant und seinen Zeitgenossen so beklagten Anarchie der zwischenstaatlichen Beziehungen gewertet werden.

Der Wiener Kongreß zeitigte ein weiteres positives Resultat, wodurch sich die dort versammelten Konservativen von ihren Vorgängern des *ancien régime* abhoben. Für sie galt Krieg zwischen größeren Staaten nun nicht mehr als unvermeidlicher Bestandteil der internationalen Ordnung. Die Ereignisse der zurückliegenden fünfundzwanzig Jahre hatten gezeigt, wie gefährlich eine solche Einstellung war. Abgesehen von allen weiteren Erwägungen stellten die zur Kriegsführung mittlerweile erforderlichen riesigen Volksheere selbst eine Bedrohung der inneren Sicherheit dar. Wo immer möglich, wurden sie wieder auf einen harten Kern loyaler, von aristokratischen Offizieren geführter, Berufssoldaten beschränkt, und ihre hauptsächliche Funktion bestand darin, die Revolution im eigenen Land und in den überseeischen Besitzungen zu unterdrücken. Die konservativen Architekten der neuen Ordnung in Europa glaubten immer noch, daß größere Kriege am besten durch ein Gleichgewicht der Kräfte zu verhindern wären, und sie versuchten, die Macht Frankreichs durch die Stärkung seiner Nachbarn – Holland, Preußen und Savoyen – im Zaum zu halten. Aber sie zogen daraus auch den Schluß, daß die Bewahrung des Friedens nun in der Verantwortung aller europäischen Mächte liege, und so wurde vereinbart, zumindest in-

Die Erfindung des Friedens

formelle Konsultationen abzuhalten, die allmählich zu einer halbwegs dauerhaften Einrichtung wurden. Dieses ›Europäische Konzert‹ blieb zwar weit hinter dem von Kant und seinen Anhängern anvisierten ›Völkerbund‹ zurück, sorgte aber zunächst einmal vier Jahrzehnte lang für Ruhe und brachte nach den Turbulenzen der fünfziger und sechziger Jahre wiederum eine vierzigjährige Friedenszeit. Mag sein, daß die Konservativen vorwiegend an der Bewahrung der Ordnung interessiert waren, aber in ihren Augen fiel das mit der Erhaltung des Friedens ohnehin in eins.

Gegen diese Ansicht wendeten sich indes die Liberalen, weil sie in dieser Ordnung die Wurzel aller Übel sahen, unter denen die Menschheit zu leiden hatte. Zwar bezogen sie ihre Ideen vorwiegend von britischen und amerikanischen, weniger von kontinentaleuropäischen Aufklärern, doch glaubten sie wie diese an die universelle Gleichheit und natürliche Tugend aller Menschen, an ihr Recht auf politische und persönliche Selbstbestimmung, und an die Unvermeidbarkeit des Friedens, wenn erst die von den herrschenden Eliten verfügten Beschränkungen hinweggefegt sein würden. Für sie galt die Loyalität des Menschen nicht dem Monarchen, sondern der Menschheit. Der Prophet dieser säkularen Religion war Thomas Paine, dessen Schriften auf beiden Seiten des Atlantik beträchtlichen Widerhall fanden. Seine Anhänger stammten aus den zunehmend mächtiger werdenden Mittelschichten Großbritanniens, Frankreichs und der Vereinigten Staaten. Mit Adam Smith, Jeremy Bentham und, später, dem überaus einflußreichen Richard Cobden, glaubten sie, daß der Frieden auf ganz natürliche Weise aus dem wachsenden internationalen Handel und der politischen Selbstbestimmung der Menschen hervorgehen werde, weil das

Völker und Nationen

die gesellschaftliche Stellung jener Klassen stärkte, die im Gegensatz zu den alten Herrschaftseliten kein Interesse daran zeigten, den Krieg fortzusetzen. Diese Gruppierung war zu Beginn des neunzehnten Jahrhunderts noch weitgehend bedeutungslos, was sich mit der zunehmenden Urbanisierung und Modernisierung der westeuropäischen Gesellschaften rasch ändern sollte. Mit dem Fortschritt wuchs ihre politische Macht, und neue Kommunikationsmittel trugen dazu bei, grenzüberschreitende Verbindungen herzustellen. Zu Beginn des zwanzigsten Jahrhunderts waren die gebildeten Mittelschichten der westlichen Welt auf dem besten Weg, eine Art ›internationaler Gemeinschaft‹ zu schaffen, und manche sahen sich bereits als *die* internationale Gemeinschaft; ein bedauerlicher Irrtum.

Während also die Konservativen den Frieden durch die Bewahrung der bestehenden Ordnung gesichert sahen, glaubten die Liberalen, er werde aus einem durch wirtschaftlichen und sozialen Fortschritt bewirkten Wandel dieser Ordnung hervorgehen. Die dritte politische Strömung, die Nationalisten, glaubte an eine Ordnung, die weniger auf universellen Menschenrechten beruhte als auf dem Recht von Nationen, sich ihre Existenz zu erkämpfen und diese in der Folge zu verteidigen. In ihren Augen schuldeten die Menschen weder Monarchen noch der Menschheit, sondern der Nation Loyalität. Dabei trat der Gegensatz zwischen Liberalen und Nationalisten nicht sofort zutage. Zunächst vereinte sie der Haß auf die restaurativen Kräfte, die nach dem Wiener Kongreß in Europa die Vormachtstellung innehatten, und sie unterstützten anfänglich die in vielen Ländern aufkeimenden Freiheitsbewegungen: zunächst in Griechenland, dann in Italien, Ungarn und Polen und schließlich auch die problematischeren Be-

Die Erfindung des Friedens

strebungen auf dem Balkan. Doch erwarteten die Nationalisten keineswegs, daß durch solche Aktionen der Frieden gesichert werde – jedenfalls nicht in absehbarer Zukunft. Erst mußten alle Nationen frei sein. Einstweilen beanspruchten sie das Recht, jegliche zur nationalen Befreiung tauglichen Mittel einzusetzen, und damit auch die Möglichkeit, genau die Kriege zu führen, die das in Wien beschlossene europäische Ordnungssystem hatte verhindern wollen.

Immerhin funktionierte dieses System über dreißig Jahre lang. Seine hauptsächliche Bedrohung schien zunächst von einem revisionistischen Frankreich auszugehen, das nicht nur gegen den Druck aufbegehrte, dem es seitens mächtiger gewordener Nachbarn ausgesetzt war, sondern das auch zum Dreh- und Angelpunkt des revolutionären Nationalismus wurde. Tatsächlich aber waren Befürchtungen, Frankreich könne das Wiener System zu revidieren suchen, stark übertrieben. Die französische Bevölkerung war nach dem Ende der Napoleonischen Ära kriegsmüde. Sie bestand jetzt überwiegend aus Kleinbauern, die die vom Staat enteigneten Ländereien der Kirche und des Adels bewirtschafteten. Sie lehnten Krieg und Revolution ebenso ab wie die meisten anderen. Aber in Paris glühten unter der Asche noch die Reste revolutionärer Gesinnung, und polnische wie italienische Emigranten mühten sich, das Feuer wieder zu entfachen. Als 1848 der friedfertige Bürgerkönig Louis Philippe gestürzt wurde – weniger durch eine Revolution als durch einen im wesentlichen auf Paris begrenzten Aufstand –, sahen viele darin eine Neuauflage der Ereignisse von 1789 bis 1793. Aber die Franzosen selbst sorgten dafür, daß nichts dergleichen geschah. Als Napoleons Neffe drei Jahre später aus den Tumulten als strahlender Sieger hervorging, verkörperte er für die

Völker und Nationen

Franzosen nicht so sehr Austerlitz, sondern den 18. Brumaire und damit die Restauration der Ordnung und die Sicherung eines im großen und ganzen akzeptablen inneren Friedens. Dennoch wurden die Ereignisse in Paris von den nationalistischen Führern überall in Europa als Startschuß wahrgenommen, und das labile Gleichgewicht der Kräfte schien erschüttert.

Tatsächlich aber war das nicht der Fall. Unabhängig voneinander bemerkten die zwei scharfsichtigsten Beobachter der politischen Szenerie, Alexis de Toqueville und Karl Marx, daß die Bourgeoisie, deren Unterstützung jede erfolgversprechende Revolution benötigte, kalte Füße bekam und sich auf die Seite der Ordnung – der alten Ordnung – schlug. Die führenden Vertreter dieser Ordnung erkannten, daß sie nur überleben konnten, indem sie sich den Kräften des Liberalismus ebenso wie des Nationalismus anpaßten und beide für ihre eigenen Zwecke ausbeuteten. So entstanden in ganz Westeuropa politische Repräsentativorgane der einen oder anderen Art. Napoleon III. benutzte den italienischen Nationalismus, um die Vormachtstellung Österreichs in Italien zu untergraben. Bismarck setzte auf den deutschen Nationalismus, um den Einfluß Frankreichs und Österreichs in Deutschland zurückzudrängen und bediente sich dann aus dem Fundus der Liberalen wie der Nationalisten, indem er Deutschland unter der Vorherrschaft des monarchistisch-militaristischen preußischen Königreichs vereinigte. Österreich fügte sich ins Unvermeidliche, indem es dem Königreich Ungarn die Autonomie gewährte. Im Jahre 1871 war wiederum eine neue Ordnung in Europa entstanden: die der Nationalstaaten.

*

Die Erfindung des Friedens

Auch diese Ordnung war, wie ihre Vorgängerinnen, aus einem Kriegszustand hervorgegangen. Die rapide fortschreitende Industrialisierung Europas beschleunigte die Entstehung einer neuen Gesellschaftsstruktur, in der politische Macht nicht mehr auf feudalem Grundbesitz, sondern auf Urbansierung und Industrie basierte. Deutschland war, bevor es von Bismarck geeint wurde, bereits durch die Eisenbahn wirtschaftlich vereinigt worden, nun aber galt es, ökonomisches und politisches Potential in militärische Effektivität umzusetzen, ehe das Kräftegleichgewicht verändert werden konnte. Wie Marx so treffend bemerkte, ist die Gewalt die Hebamme bei der Geburt neuer Ordnungen, und sie bediente sich in diesem Fall der von der Industrialisierung geschaffenen Instrumente. Dazu gehörten in erster Linie die Eisenbahnen, die nun Truppen in beliebiger Zahl an die Front schaffen konnten. Um diese Transportmöglichkeit effektiv zu nutzen, benötigte man eine Armee von Wehrpflichtigen und die administrative Fähigkeit, sie zu mobilisieren, das heißt, eine gefügige, wo nicht gar indoktrinierte Bevölkerung und eine höchst leistungsfähige Bürokratie der Art, wie Preußen sie, im Unterschied zu Österreich und Frankreich, bereits besaß. Zugleich vergrößerte die Entwicklung moderner Hinterlader und, später, hochexplosiver Geschosse, die Reichweite und Feuerkraft von Infanterie und Artillerie. Das wiederum erforderte die Verlagerung der Kommandoverantwortlichkeit bis in die unteren Ränge, die somit nicht nur über eine professionelle militärische Ausbildung in Theorie und Praxis, sondern auch über mehr als nur elementare Schulkenntnisse verfügen mußten. Der Krieg war mittlerweile eine zu ernste Sache geworden, um ihn einer Aristokratie zu überlassen, deren Charaktereigenschaften – Selbstver-

Völker und Nationen

trauen und Wagemut – am vorteilhaftesten in der Kavallerie zur Geltung gebracht werden konnten, die jetzt jedoch den verwundbarsten Teil des Heeres bildete. Ansonsten waren solche Tugenden bestenfalls elegante Beigabe zu Maschinen, deren Bau und Bedienung hochqualifizierte Ingenieure erforderten, schlimmstenfalls Anleitungen zum spektakulären Selbstmord. War in früheren Zeiten für den Kriegserfolg vor allem die Leistung auf dem Schlachtfeld entscheidend gewesen, so hing er nunmehr auch von den verwaltungstechnischen Fähigkeiten des Staatsapparates ab, die Truppen an den Ort des Geschehens zu bringen. Die Modernisierung wurde zu einem wesentlichen Element im Überlebenskampf der Staaten. Das sollte der Erste Weltkrieg mit erschreckender Deutlichkeit zeigen.

Die neue europäische Ordnung, die 1871 entstanden war, hatte viele Vorteile. Zunächst einmal mußte sich – zumindest auf kurze Sicht – keine der drei miteinander konkurrierenden politischen Richtungen benachteiligt fühlen. Die Nationalisten konnten die Vereinigungsprozesse in Deutschland und Italien als eine Art ›Ende der Geschichte‹ à la Hegel begrüßen, auch wenn es weiter östlich noch etliches zu erledigen gab. Ähnlich zufrieden zeigte man sich in den Vereinigten Staaten, die den Bürgerkrieg und damit die Bedrohung der nationalen Einheit überstanden hatten. Die Liberalen verfolgten mit Genugtuung die Entwicklung parlamentarischer Institutionen und den Abbau von Schranken, die bislang das Wachstum eines den Kontinent umspannenden Handels- und Kommunikationsnetzes behindert hatten. Und die Konservativen hatten zwar innenpolitisch Zugeständnisse machen müssen, bewahrten aber ihre Vorherrschaft in der Außenpolitik

Die Erfindung des Friedens

und konnten auch während der zweiten Hälfte des neunzehnten Jahrhunderts das auf dem Gleichgewicht der Kräfte beruhende System internationaler Beziehungen erhalten. Zwar hatte sich die Position der jeweiligen Akteure durch den neuentstandenen italienischen Staat und Deutschlands Vorrangstellung vor den ehemaligen Rivalen Frankreich und Österreich verschoben, doch während Bismarcks Kanzlerschaft blieb das gemeinsame Interesse an einer Politik des Gleichgewichts lebendig. Die seit 1871 herrschende Stabilität wurde auf dem Berliner Kongreß von 1878 sogar nach Osteuropa ausgeweitet und gewährleistete in den folgenden fünfundzwanzig Jahren einen, wenngleich ständig gefährdeten, Frieden auf dem Balkan. Im Rückblick erscheinen die zwölf Jahre bewaffneten Konflikts zwischen 1859 und 1871 lediglich als notwendige Anpassungen an den unvermeidlichen Wandel, wobei die Kriege jener Zeit mit einem bemerkenswert sparsamen Einsatz von Gewalt geführt wurden.

Die darauf folgende, gut vierzig Jahre währende Friedenszeit in Europa wurde durch die nahezu ununterbrochenen Kleinkriege, die in Asien, Afrika und Nordamerika zwecks Ausweitung der europäischen Hegemonie geführt wurden, nicht gestört. In diesen kolonialen Konflikten ging es nicht so sehr, wie sozialistische Ökonomen behaupteten, um die Jagd nach Rohstoffen und Märkten. Die Nationalisten sahen darin eine Bestätigung für den Stellenwert ihrer Nation. Den Konservativen galten sie als gutes Betätigungsfeld für ihre Truppen und als Beschäftigung für den heimischen Landadel. Für die Liberalen stellten sie einen zivilisatorischen Auftrag dar und mithin eine moralische Pflicht. Die Industrialisierung bescherte Europa und den Vereinigten Staaten eine Lebensweise, von der Bevölke-

Völker und Nationen

rungen in anderen Erdteilen nicht einmal träumen konnten. Das trug erheblich dazu bei, den ›Weißen‹ ein Gefühl moralischer Überlegenheit zu geben, und versah sie zugleich mit waffentechnischen und logistischen Mitteln, die die Expansion noch einfacher machten. Da sich generell, abgesehen von ein paar Spezialisten, niemand genötigt fühlte, fremden Kulturen Verständnis entgegenzubringen, konnten die Kolonialkriege mit noch brutalerer Gewalt geführt werden. Massaker, die im Europa des neunzehnten (nicht jedoch des zwanzigsten) Jahrhunderts undenkbar gewesen wären, galten bei der Befriedung der außereuropäischen Welt als selbstverständlich.

*

Diese neue Ordnung schien etwa dreißig Jahre lang sehr gut zu funktionieren, und im Europa des beginnenden zwanzigsten Jahrhunderts herrschte, oberflächlich betrachtet, Zufriedenheit. Warum also brach das ganze System binnen zwei Jahrzehnten in dem bis dato blutigsten Kriege der Menschheitsgeschichte einfach zusammen?

Für Historiker gibt es dafür drei tieferliegende Ursachen. Zum einen wurde die Friedenszeit von einer starken Ausweitung des militärischen Sektors begleitet. Der preußische Triumph von 1870 hatte gelehrt, daß der Sieg, um mit den Worten des amerikanischen Generals Nathaniel Bedford Forrest zu sprechen, demjenigen zufiel, der am schnellsten und mit den meisten Soldaten auf dem Schlachtfeld erschien. Wer die ersten entscheidenden Kämpfe verlor, konnte sich schon nach ein paar Wochen auf den Abstiegsplätzen der Machtliga wiederfinden. Folglich verwandelten sich die europäi-

Die Erfindung des Friedens

schen Nationen in wahre Heerlager. Die Wehrpflichtigen wurden mit achtzehn Jahren zum Militärdienst eingezogen und konnten noch als über Vierzigjährige zur Fahne gerufen, in Eisenbahnwaggons verfrachtet und an die Front geschickt werden. Als Kriegsgott galt nicht mehr der schillernde Held Napoleon, sondern der nüchterne Berufssoldat Helmuth von Moltke. Krieg selbst war kein romantisches Abenteuer mehr, sondern mauserte sich zu einer positivistischen Wissenschaft. Es entwickelte sich ein gnadenloser Konkurrenzkampf um die Modernisierung der Waffen, der das Kräftegleichgewicht unterminierte und zu einer allseitigen Aufrüstung führte. Dadurch verschärften sich die internationalen Spannungen, und die Belastungen des Nationalhaushalts erhöhten sich zunehmend. Der Wunsch nach Sicherheit ließ Bündnisse entstehen, denen allmählich der Vorrang über das Europäische Zusammenspiel eingeräumt wurde. Selbst diejenigen, die Schrecken und Ausmaß der Kriegsführung im zwanzigsten Jahrhundert ahnten, hielten die Niederlage für eine unter allen Umständen zu vermeidende Katastrophe.

Zum zweiten brachte der Nationalismus, was immer seine Propheten behaupten mochten, keine Stabilisierung der internationalen Beziehungen. Nationale Identität ist kein angeborenes Gefühl, sie muß vermittelt und erlernt werden. Folglich waren Regierungen, wenn sie den Staat modernisieren wollten, gezwungen, die Bedeutung einer allgemeinen Schulbildung ernstzunehmen. Damit sahen sich Minderheiten, die seit Jahrhunderten ihren lokalen Dialekt gesprochen hatten, plötzlich einer ihnen fremden, nur von den Herrschenden verwendeten Hochsprache konfrontiert. Das Deutsche war für die Polen in Westpreußen

Völker und Nationen

ebenso eine Fremdsprache wie für die Tschechen in Böhmen. Die Kroaten lehnten das Ungarische genauso ab wie die Iren das Englische. Zunehmend widersetzten sich die polnischen und baltischen Bewohner der westlichen Provinzen des russischen Reiches allen ›Russifizierungsversuchen‹. Überall begannen Minderheiten, nach ihren geschichtlichen Wurzeln zu suchen. Sie besannen sich auf ihre Sprache zurück, entdeckten ihre Nationalität und forderten schließlich die Unabhängigkeit. Für die stärkeren Staaten des Westens wie Großbritannien und Deutschland sowie für die rücksichtslose russische Autokratie blieben das größtenteils interne Probleme, doch das Habsburgerreich ließ sich zunehmend schwieriger regieren, die ethnischen Konflikte zwischen Bevölkerungsteilen ›deutscher‹ und ›slawischer‹ Herkunft verschärften sich, und die Spannungen in den Vielvölkerstaaten des Balkan griffen auf die internationale Politik über.

Die Liberalen befanden sich jetzt in einem Dilemma. Auf zahlreichen Konferenzen verurteilten sie den Krieg, doch konnten sie den Serben, Bulgaren und Albanern schlecht zum Vorwurf machen, daß sie sich von der türkischen Vorherrschaft befreien wollten, so wie eine Generation zuvor die Italiener gegen Österreich ihre Unabhängigkeit erkämpft hatten. Für die Konservativen in den Außenministerien war die Angelegenheit relativ einfach: Sie mußten verhindern, daß diese Konflikte die Politik des Gleichgewichts, von der der europäische Frieden immer noch abhing, nachhaltig beschädigte, und waren insofern darauf bedacht, sich in die inneren Angelegenheiten der jeweils anderen Staaten möglichst nicht einzumischen. Aber konnten die Liberalen tatenlos zusehen, wie die Türken ihre europäischen Untertanen mit einer Mischung aus Indo-

Die Erfindung des Friedens

lenz und Gewalt traktierten? Konnten die Nationalisten in Rußland stillhalten, während ihre slawischen Brüder von Türken, Deutschen oder Ungarn unterdrückt wurden? Mit dem Ruf nach nationaler Selbstbestimmung hatte das Europa des neunzehnten Jahrhunderts eine Pandorabüchse geöffnet, deren Inhalt noch immer nicht vollständig ausgeleert ist.

Und schließlich gewann der Nationalismus in jenen westeuropäischen Staaten, in denen sich das nationale Selbstbewußtsein durch Tradition oder Indoktrination stabilisiert hatte, mit fast zwingender Notwendigkeit militaristische Züge. Die Geschichtsbücher strotzten vor Erinnerungen an militärische Triumphe, die gefeiert, oder an Niederlagen, die gerächt werden mußten. Generäle und Feldmarschälle wurden zu Nationalhelden gekürt, deren Leistungen die Massenpresse zu Großtaten aufbauschte.

Was die Religion an öffentlicher Wirkung einbüßte, machte der Nationalismus mit seinen Ritualen und Feiertagen wett, und Monarchen wurden als Ikonen der Nation verehrt. Nationalisten und Konservative schlossen sich allmählich zusammen. Immerhin wirkten die Liberalen als treue Gefolgsleute der Aufklärung aktiver als je zuvor für den internationalen Frieden und gründeten eine Vielzahl von Institutionen und Gesellschaften. Die in Den Haag 1899 und 1907 abgehaltenen Konferenzen, die schließlich zur Einrichtung des Internationalen Gerichtshofs führten, waren wichtige Meilensteine auf dem Weg zu einer ›internationalen Gemeinschaft‹. Aber auch der Liberalismus veränderte nach und nach seine ursprünglichen Zielsetzungen: Mittlerweile ging es weniger darum, den Krieg zu verhindern oder gar abzuschaffen, sondern ihn für die kämpfenden Truppen zu humanisieren. Fast überall

Völker und Nationen

war die Gegenaufklärung auf dem Vormarsch, galten Heimat, Volk und Nation als höchste Werte. Giuseppe Mazzini und seine Anhänger hatten den Weltfrieden auf einen Bund befreiter Nationen gründen wollen, aber diese Bestrebungen waren unterdessen zu einer Art Dschungelmoral verkommen, die den Krieg als Existenz- und Überlebenskampf von Nationen begriff. Er galt unter denen, die Darwins Lehre fehlinterpretierten, als notwendiger Teil der natürlichen Auslese. Frieden hätte Dekadenz und Vernichtung zur Folge und würde jene Völker, die ihn irrigerweise anstrebten, ins sichere Verderben stürzen. Hegel verwandelte sich in Hitler, Mazzini in Mussolini.

Genau dieser Nationalismus ermöglichte den Krieg, wenngleich er ihn nicht direkt verursachte, und zu behaupten, er wäre im wilhelminischen Deutschland nicht stärker gewesen als in anderen europäischen Staaten, hieße die Realität verkennen. Als der Krieg 1914 ausbrach, waren die Völker Europas bereit: Viele begrüßten ihn enthusiastisch, und alle traten in vollem Bewußtsein in ihn ein. Die Franzosen wollten den deutschen Eindringling vertreiben, die Russen ihre Verbündeten – Serbien und Frankreich – retten, die Österreicher ihren Vielvölkerstaat erhalten, die Briten ihren moralischen Verpflichtungen nachkommen und das Kräftegleichgewicht sowie einen Status quo erhalten, der ihnen im neunzehnten Jahrhundert eine bequeme Vormachtstellung gesichert hatte. Die Deutschen kämpften, um ihrem einzigen Verbündeten, Österreich, die Treue zu halten und um die slawische Barbarei zurückzudrängen; allerdings auch, um den Status einer Weltmacht zu erringen, den Deutschland ihrer Meinung nach aufgrund seiner Stärke verdient hatte. Die Italiener schließlich kämpften für die Vollendung des Risorgimento, das heißt, für die noch in österreichischer Hand befindliche *Italia irredenta*.

In den Schützengräben kämpften die Truppen vor allem, weil sie keine andere Wahl hatten und aus Loyalität zu ihren Kameraden. Und wenn sie überhaupt darüber nachdachten, führte der Schlachtruf für ›das ›Vaterland‹ oder ›la patrie‹ oder ›my country‹ zur Einheit von Nationalisten und jenen letzten Konservativen, die eher mit Gott und für den König als für das eigene Land in die Schlacht zogen. Allerdings war ›Land‹ kein bloßes Stammeskonzept. ›England‹ stand für den Glanz des Empire, aber auch für Demokratie und Rechtsstaatlichkeit. ›Deutschland‹ beherbergte eine einzigartige geistige Kultur. ›Frankreich‹, ein Land mit reicher Zivilisation und Geschichte, vereinte in seinen Grenzen die beiden Fraktionen der Republikaner und Katholiken, die sich während der ›Affäre Dreyfus‹ bis aufs Messer bekämpft hatten. Und für die amerikanischen Liberalen schließlich war es, wie für ihre britischen Gesinnungsgenossen, ein Krieg, der durch die Ausweitung der Demokratie den bewaffneten Konflikt als Mittel der Politik abschaffen und eine neue internationale Ordnung errichten würde.

Disee Liberalen hatten dafür gute Gründe. Der deutsche Nationalismus war zum Teil durch einen äußerst aggressiven und expansionistisch orientierten Militarismus geprägt, den die Liberalen im Reich seit 1871 bekämpften und der im Reichstag mit einer sozialistischen Mehrheit leben mußte, die einen Friedensplan ohne Annexionen und Entschädigungen unterstützte. Doch die deutsche Regierung verfolgte andere Ziele, was aus ihrem Septemberprogramm von 1914, als der Sieg in Reichweite schien, hervorgeht. Zwar wurde die liberale Opposition mit Fortdauer des

Völker und Nationen

Krieges kühner und lautstärker, aber auch die annexionistische Rechte vertrat ihre Forderungen mit wachsendem Nachdruck. Unterstützung erhielt sie dabei weniger von den Altkonservativen als von den unteren Mittelschichten und der bäuerlichen Bevölkerung. Die Kriegspropaganda der Alliierten malte für den Fall des deutschen Sieges das Schreckensbild einer archaischen militaristischen Gewaltherrschaft, die über eine schier unglaubliche industrielle Potenz verfügte, an die Wand – eine Vision, die nicht gänzlich realitätsfremd war. Diese Industriemacht mußte zerschlagen werden, damit der liberale Traum einer universellen Herrschaft von Demokratie und Recht in Erfüllung gehen konnte. Der Sieg der Deutschen hätte zu einer hegemonialen Ordnung führen können, die, im Gegensatz zur napoleonischen, ihre Werte nicht aus dem Universalismus der Aufklärung bezog, sondern auf die reine militärische Machtausübung rekurrierte. Die Vereinigten Staaten besaßen sicherlich höchst pragmatische Gründe für ihren 1917 vollzogenen Kriegseintritt, wobei nicht zuletzt die großen Investitionen, die sie für einen Sieg der Alliierten bereits geleistet hatten, eine Rolle spielten. Ihr explizites Ziel jedoch war das des klassischen Liberalismus – die Verteidigung und Ausweitung von Freiheit und Demokratie. Die *Stars and Stripes* verkündeten die gleiche Botschaft wie ein Jahrhundert zuvor die Trikolore: es ging um die Befreiung nicht nur einer Nation, sondern der gesamten Menschheit.

Das Europa von 1914 war, durch die tätige Beihilfe der Vereinigten Staaten, 1918 faktisch nicht mehr existent. In der Ära Napoleons hatte der soziale Wandel das Wesen des Krieges verändert. Nun war es die Änderung im Wesen des Krieges, die eine Transformation der kriegführenden Gesellschaften einleitete. Daß ein mit

Die Erfindung des Friedens

industriellen Mitteln geführter Krieg unglaubliche Summen verschlingen würde, war schon vor 1914 vorausgesagt worden. Manche hielten ihn daraufhin für nicht realisierbar, andere meinten, er wäre von kurzer Dauer. Das glaubten auch die Militärs und richteten ihre Pläne dementsprechend aus. Sie wurden durch den Kriegsverlauf widerlegt. An der Ostfront machte das Ausmaß der Operationen einen schnellen Sieg schlicht unmöglich. Im Westen standen der durch die Feuerkraft von Geschützen und Gewehren gesteigerten Verteidigungsfähigkeit keine entsprechenden Verbesserungen der Kommunikationsmittel und Mobilität gegenüber. Eine vollständige taktische Pattsituation war die Folge. Ein Jahr lang wurden verlustreiche Schlachten geführt, dann wechselten beide Seiten ihre Taktik und gingen zu einem Zermürbungskrieg über. Der erforderte die umfassende Mobiliserung sowohl der Volkswirtschaft, um Kriegsmaterial bereitzustellen, als auch aller Wehrpflichtigen, um die auf dem Schlachtfeld erlittenen Verluste wettzumachen. Der Zusammenbruch war vorprogrammiert, doch resultierte er weniger aus strategischen und taktischen Fehlern, sondern aus logistischen Problemen, die die Kriegsbürokratie nicht bewältigen konnte. Es erwies sich als unmöglich, zugleich die Heere an der Front wie die Städte im Inland mit dem Notwendigen zu versorgen. Als erste Mächte mußten Rußland und Österreich die Waffen strecken. Ihnen wurde auch ihr geringer Grad an Modernisierung zum Verhängnis. Danach war, trotz seiner militärischen und industriellen Stärke, Deutschland an der Reihe. Frankreich, einer der Sieger, wurde von Großbritannien wirtschaftlich abhängig, und beide zahlten schließlich Tribut an den eigentlichen Sieger, die Vereinigten Staaten. Diese konnten 1918, nachdem alle europäischen Mächte besiegt oder wirtschaftlich erschöpft am Boden lagen, die dankbare Rolle des *deus ex machina* übernehmen und ihre Bedingungen den Feinden wie den Alliierten gleichermaßen diktieren. Wieder einmal schien eine neue Weltordnung anzubrechen.

IV
Idealisten und Ideologen:
1918–1989

1918 hatten die von der Aufklärung beeinflußten Liberalen allem Anschein nach endgültig triumphiert. Mit den Herrscherdynastien, die ihre Stammbäume ein halbes Jahrtausend zurückverfolgen konnten, war die alte Ordnung über Nacht von der Bildfläche verschwunden. Der aggressive völkische Nationalismus in seiner wilhelminischen Gestalt hatte eine entschiedene Demütigung erfahren. Nun waren die Vereinigten Staaten, die Verkörperung der liberalen Demokratie, die mächtigste Nation der Welt, und ihr Präsident, Woodrow Wilson, wußte genau, welche Ordnung er mit der ihm zu Gebote stehenden Macht der Welt verschreiben würde. So hatte es jedenfalls den Anschein.

Wilson glaubte wie Kant, daß Frieden nur durch republikanisch organisierte Staaten zu schaffen sei. Folglich mußte die Dynastie der Hohenzollern in Deutschland zerschlagen werden, während die Untertanen der Romanows und der Habsburger die Sache bereits in die eigenen Hände genommen hatten. Außerdem meinte Wilson, daß der Schlüssel zu einer friedlichen Weltordnung in der nationalen Selbstbestimmung liege. Allerdings mußte er nach den Pariser Vereinbarungen erkennen, daß dies sehr viel komplizierter war, als er zunächst angenommen hatte. Vor allem aber war er der Überzeugung, daß der Frieden durch einen Völkerbund gesichert werden könnte, der den einzelnen Nationen Sicherheit gewährleisten würde. Ein solcher

Die Erfindung des Friedens

Bund sollte nicht, wie das alte ›Europäische Konzert‹, auf dem stillschweigenden Einverständnis über die Wahrnehmung gemeinsamer Interessen, sondern auf festen Verträgen beruhen. Diese Vision, von Kant skizziert und von Bentham und anderen näher ausgeführt, war für die pazifistischen Bewegungen des neunzehnten Jahrhunderts zur entscheidenden Triebfeder geworden.

Der Völkerbund schien tatsächlich das zu erfüllen, wofür der Pazifismus gekämpft hatte. Wären alle seine Mitglieder eines Sinnes gewesen und hätten ihm all jene Staaten angehört, auf die es ankam, hätte er vielleicht mehr Erfolg gehabt. Doch die Beteiligten konnten sich nicht einigen, zudem waren wichtige Nationen nicht repräsentiert. Es fehlte das kriegsschuldbeladene Deutschland, das trotz der drastischen Auflagen des Versailler Vertrages die mächtigste Nation Europas blieb, und es fehlte Rußland, dessen Führer nun eine alternative Weltordnung propagierten, die schon bald mindestens so attraktiv wie die im Westen verbreiteten Ideen erschien.

Seit der Mitte des neunzehnten Jahrhunderts hatten Marx und dann die Marxisten die These vertreten, daß die Französische Revolution nur der Anfang eines gigantischen sozialen und politischen Wandels gewesen sei, bei der die gesellschaftliche Basis von der agrarischen zur industriellen Produktion überwechsle. Dieser Prozeß könne wissenschaftlich analysiert und seine Folgen mit großer Genauigkeit vorhergesagt werden, etwa so, wie Newton die Bewegungen der Planeten durch Berechnungen vorausbestimmte. Mit der Zeit würde die Bourgeoisie die Großgrundbesitzer als herrschende Elite ablösen und eine auf dem freien Fluß des Kapitals beruhende globale Gesellschaft hervorbringen. Das wiederum führe zu einer beschleunigten Akkumulation

Idealisten und Ideologen

und Konzentration des Kapitals bei gleichzeitiger Verelendung der Massen, die, ihrem Heimatboden entrissen und durch die Unmenschlichkeit der Produktionsverhältnisse entfremdet, sich schließlich erheben und ihre Ausbeuter stürzen würden. Diese Revolution gehe, wie ihre französische Vorläuferin, in eine zeitlich begrenzte Diktatur über, die, unter Führung der Kommunistischen Partei, aber nur so lange währen würde, bis letztlich die klassenlose Gesellschaft errichtet sei. Erst dann gebe es eine gerechte Gesellschaftsordnung und damit den internationalen Frieden.

Unter dem Eindruck der miserablen sozialen Bedingungen, die die frühindustrielle Revolution mit sich brachte, wirkte diese Kombination von Verheißung und wissenschaftlicher Analyse äußerst anziehend. Gegen Ende des neunzehnten Jahrhunderts allerdings hatte das Gros der Sozialreformer in Westeuropa eingesehen, daß die Lage der arbeitenden Klassen am ehesten im Rahmen der parlamentarischen Demokratie verbessert werden könnte, die mittlerweile fast überall auf dem Kontinent etabliert worden war. Der revolutionäre Flügel war auf einen harten Kern verbitterter Ideologen zusammengeschmolzen, die zumeist im Exil lebten. Sie waren ohnmächtig, solange das bürgerlich-kapitalistische System funktionierte. Rußland aber lag in seiner ökonomischen Entwicklung ein halbes Jahrhundert hinter Westeuropa zurück. Bürgerliche Reformbestrebungen wechselten sich mit Perioden brutaler Unterdrückung ab, und Revolution lag beständig in der Luft. Die Auswirkungen des Ersten Weltkriegs unterminierten das gesamte Zarenregime, dessen totaler Zusammenbruch Lenin im Jahre 1917 die Möglichkeit gab, die Diktatur der Bolschewiki zu errichten und seine eigene neue Weltordnung zu verkünden oder zumindest seine Hoff-

Die Erfindung des Friedens

nungen auf die Weltrevolution zu setzen, mit der eine solche neue internationale Ordnung beginnen würde. Zunächst jedoch konnte sich das neue Regime, wie die französischen Revolutionäre von 1793, nicht sicher fühlen, solange es nicht auch seine europäischen Nachbarländer befreit hatte, und dies zu tun, schien es 1918 fest entschlossen.

So gab es breits 1918 zwei universalistische Konzepte für eine Weltordnung, die sich beide auf das Erbe der Aufklärung beriefen und miteinander um die Zukunft konkurrierten. Die liberale Demokratie glaubte an die Fähigkeit der Menschen, die Fesseln der Geschichte abzuwerfen und durch vernunftbestimmtes Zusammenwirken gerechte und friedliche Gesellschaften einzurichten. Der Kommunismus hingegen setzte auf den von einer disziplinierten weltlichen Priesterschaft, der Partei, richtig interpretierten Geschichtsprozeß, in dem diese auch das Recht und die Pflicht hatte, den Kampf um eine klassenlose Gesellschaft anzuführen und dabei nicht nur die reaktionäre Opposition, sondern auch jegliche Dissidenz in ihren eigenen Reihen zu vernichten.

*

Der Versailler Vertrag brachte keinen einheitlichen Plan für eine neue europäische Ordnung hervor. Dies war ironischerweise dem Triumph der Demokratie geschuldet. Auf dem Wiener Kongreß konnten Metternich, Talleyrand und Castlereagh Europa noch nach ihren Vorstellungen neu gestalten, ohne auf die öffentliche Meinung Rücksicht nehmen zu müssen. Gerade das aber hatten Bentham und seine Mitstreiter heftig beklagt: Eine gebildete öffentliche Meinung war nach ihrer Ansicht einer der Hauptfaktoren für die Verhinderung

Idealisten und Ideologen

weiterer Kriege. Aber in Demokratien ist die öffentliche Meinung nicht unbedingt immer zivilisiert, und 1918 war sie es ganz sicher nicht.

In Frankreich und Großbritannien (wo gleich nach dem Krieg das allgemeine Wahlrecht eingeführt worden war) lehnten die Wähler Deutschland als gleichberechtigten Partner bei Friedensverhandlungen ab. Das kriegsbedingte Ressentiment war in beiden Ländern noch zu ausgeprägt. Die Deutschen wiederum, egal welcher politischen Couleur, fühlten sich durch den Versailler Vertrag gedemütigt und forderten, wirtschaftlich und politisch keineswegs so ohnmächtig, wie es den Anschein haben mochte, seine Revision. Der amerikanische Kongreß war nicht bereit, irgendeine Verantwortung in der von Präsident Wilson vorgesehenen Weltgemeinschaft zu übernehmen, während die Russen diese gänzlich ablehnten. Die französischen Staatsmänner, die dem angelsächsischen Liberalismus mit großer Skepsis begegneten, suchten die Stabilität mit traditionellen Mitteln zu sichern und Deutschland durch Bündnisse in Schach zu halten: zuerst mit den Briten, die aber ihren Verpflichtungen nicht nachkamen, dann mit den neuen Staaten Mitteleuropas und schließlich mit der Sowjetunion. Doch die öffentliche Meinung in Frankreich lehnte eine substantielle militärische Beteiligung im Rahmen dieser Bündnisse ab. In Großbritannien war die Bevölkerung kriegsmüde und jeglichem Engagement im Rahmen eines europäischen Sicherheitssystems feindlich gesonnen. Vertreter aller politischen Richtungen drängten auf eine Aussöhnung mit Deutschland und versuchten den Frieden durch die Milderung der im Versailler Vertrag festgelegten Kriegsfolgelasten zu bewahren. Im Endeffekt war kein demokratischer Staat willens oder fähig, die bewaffneten

Die Erfindung des Friedens

Kräfte bereitzustellen, die zur Gewährleistung einer auf dem traditionellen Gleichgewicht der Kräfte beruhenden internationalen Ordnung oder eines unter der Schirmherrschaft des Völkerbundes stehenden Rechtssystems notwendig gewesen wären. Und schließlich erschütterte die Weltwirtschaftskrise von 1929, vor allem aber die damit einhergehende weltweite Arbeitslosigkeit, den Glauben an herkömmliche liberale Gewißheiten und trug zur Popularität der Alternativen bei: Kommunismus auf der einen Seite, mit der Sowjetunion als Beispiel und Führungsmacht, und der allmählich erstarkende Faschismus auf der anderen Seite.

Dabei sollte Faschismus nicht, wie dies heute so oft geschieht, mit rechtsgerichteten autoritären Bewegungen oder Regimen verwechselt werden. Gewiß war er autoritär, zugleich aber auch populistisch und revolutionär. Er stand dem bürgerlichen Kapitalismus ebenso ablehnend gegenüber wie die Kommunisten, auch wenn er aus taktischen Gründen zu einer Kooperation mit ihm bereit war. Die Faschisten hatten ganz eigene Vorstellungen von einer neuen Ordnung, die im Boden der Gegenaufklärung wurzelte. Sie stellten Gemeinschaft oder das Volk über das Individuum, Intuition und Gefühl über die Vernunft, waren strikt nationalistisch eingestellt und zogen rationaler Diskussion und friedlicher Zusammenarbeit einen voluntaristischen Aktionismus vor. Sie beuteten die Unzufriedenheit mit der bürgerlichen Wohlstandsgesellschaft aus, die sich schon vor 1914 in der Jugendbewegung abgezeichnet und ihren lebhaftesten Ausdruck im italienischen Futurismus gefunden hatte, der Vergangenes geringschätzte und Geschwindigkeit, Gewalt und Aktion als Werte an sich verherrlichte. An die breiten Massen appellierte der Faschismus mit dem Haß auf alles Fremde im allgemeinen und dem Antisemitismus im besonderen. Juden galten als Fremdkörper im Stamm und als Vertreter des internationalen Kapitals, das die Kleinunternehmer auspreßte. Besonders stark hatte sich nach dem Krieg die deutsche Variante des Faschismus, der Nationalsozialismus entwickelt, dessen Bewegung mit ihren Hierarchien, Symbolen und Ritualen den althergebrachten Nationalismus, der nun mit Niederlage und Verrat in Beziehung gesetzt wurde, faktisch von der Bildfläche verdrängte. Für den Nationalsozialismus legitimierte sich die politische Herrschaft durch den Willen eines Führers, der den Geist und die Bestrebungen seines Volkes verkörperte. Sein Ordnungskonzept war hegemonial und hierarchisch, aber schon der Begriff ›Ordnung‹ ist zu statisch, um die Ziele der Nationalsozialisten angemessen zu beschreiben. Die vorgestellte Ordnung glich der einer Armee auf dem Marsch; die ›Bewegung‹ war wichtiger als das Ziel, ihr Kampf durch sich selbst gerechtfertigt. Hitlers globale Vision, sofern man davon reden kann, lief auf eine Hegemonie hinaus, die durch ständige Konflikte am Leben gehalten wurde. Es war das Zerrbild eines römischen Reiches, bei dem die übrige Welt aus untergeordneten Verbündeten oder barbarischen Feinden bestand. Das Wort ›Frieden‹ tauchte im faschistischen Vokabular bestenfalls als ein Terminus auf, mit dem man Spott und Mißbrauch treiben konnte. Für Faschisten war Krieg kein bloßes Mittel der Politik, sondern eine an sich wünschenswerte Aktivität.

Wie war das nach den Erfahrungen des Ersten Weltkriegs möglich? Man erinnerte sich an ihn nur mit Schrecken und fürchtete den Ausbruch eines weiteren. Aber im Gegensatz zu einer verbreiteten Auffassung hegten nicht alle Beteiligten nur negative Erinnerungen an den, so das konventionelle Bild, fruchtlosen Stel-

Die Erfindung des Friedens

lungs- und Zermürbungskrieg. Gerade an der Westfront hatte es taktische und strategische Entwicklungen gegeben, die tiefgreifende militärische und soziale Folgen zeitigen sollten. Hier war die aus einer übermächtigen Feuerkraft zunächst hervorgegangene Pattsituation allmählich durchbrochen worden. Das lag nicht nur am Einsatz von Panzern, die noch viel zu primitiv waren, um mehr zu erzielen als einen Überraschungseffekt, sondern vielmehr an der präzisen und flexiblen Nutzung der Artillerie zur Unterstützung von Sturmtruppen, die eine eigene Feuerkraft – leichte Maschinengewehre, Flammenwerfer, Handgranaten und Mörser – stellten. Solche Truppen unterstanden dem Kommando von Unteroffizieren oder noch niedrigeren Rängen. Ein weiteres Element kam noch hinzu, das für die Kriegsführung der Zukunft von enormer Bedeutung sein sollte: die Luftwaffe. Zwar fehlte noch der Funkverkehr, um all diese Entwicklungen zu koordinieren, weitsichtige Strategen allerdings konnten sich jetzt schon eine neue Art der Kriegsführung vorstellen, bei der berufliches Können und individuelle Heldentaten zusammenspielen würden. Bislang waren Massen von Wehrpflichtigen in die Schlacht geschickt worden, während die dafür zuständigen Generäle in Schlössern fern der Front die Linien absteckten. Zukünftig aber würden begeisterte junge Gewaltspezialisten die Hauptrolle spielen: Panzerkommandanten, Flieger, Sturmtruppführer. Eben solche Männer hatte der Erste Weltkrieg, vor allem in der deutschen Armee, hervorgebracht. Ihr Symbol war der grimmig-entschlossen wirkende Stahlhelm, der 1916 die eher komisch wirkende Pickelhaube ersetzt hatte. Diese Männer kannten keine Klassenunterschiede, sie waren effizient und, was das Wichtigste war, kämpften gerne. Der Frieden machte sie, wie

Idealisten und Ideologen

jene Ritter des vierzehnten Jahrhunderts, zu Müßiggängern. Sie bildeten den Kern der faschistischen Bewegung in Italien und des Nationalsozialismus in Deutschland. Das Image von Gewaltbereitschaft, das sie vermittelten, war ein entscheidender Faktor für den Aufstieg beider Bewegungen zur Macht.

Mit der Androhung von Gewalt schüchterte Hitler nach der Machtergreifung seine Gegner im In- und Ausland ein. Er machte sich die Angst vor einem neuen Krieg, insbesondere vor Luftbombardements, und, parallel dazu, die Furcht vor dem Kommunismus zunutze, um gegenüber europäischen Staatsmännern seine politischen Ziele durchzusetzen, indem er ihnen zunächst zu verstehen gab, daß nach Erfüllung der ›legitimen‹ deutschen Gebietsansprüche eine Friedensordnung durchaus möglich wäre, schließlich aber deutlich machte, daß sie sich auf eine nunmehr unvermeidbar scheinende Hegemonialstellung Deutschlands einzurichten hätten. 1939 brach der Krieg aus, der ein Jahr später, nach den überaus erfolgreichen Feldzügen von 1940, bereits entschieden schien. Zwar konnte Großbritannien die Niederlage vermeiden und darauf setzen, daß mächtigere Verbündete an seiner Seite ins Kampfgeschehen eingriffen, doch schien Hitlers größenwahnsinnige Vision eines Tausendjährigen Reiches nicht völlig von dem entfernt zu sein, was Europa jetzt zu gewärtigen hatte. Eine Friedensordnung würde es jedenfalls nicht werden. Für Hitler war die Unterwerfung Westeuropas nur das Vorspiel zur Eroberung der Sowjetunion, wodurch ein autarkes und rassenreines Großdeutsches Reich geschaffen werden sollte, das sich gegen den Rest der Welt würde behaupten können. Darüber hinaus traf er bereits Vorbereitungen für einen Krieg gegen die Vereinigten Staaten. Krieg war für ihn nicht einfach das

Die Erfindung des Friedens

Mittel, um eine neue Ordnung zu schaffen, sondern diese Ordnung selbst.

Tatsächlich war die offenbar unbesiegbare Kriegsmaschinerie der Deutschen nicht so effektiv, wie es den Anschein machte. Der ›Blitzkrieg‹ zeitigte nur gegen schwächere oder unvorbereitete Gegner Erfolge. Sobald die Gegner Deutschlands jedoch Zeit hatten, ihre eigenen Panzer- und Luftstreitkräfte aufzubauen, wurde der Krieg langsamer, wobei den Angelsachsen die sie umgebenden Meere und den Russen die Weite ihres Landes strategisch entgegen kamen. Der Vormarsch der Deutschen geriet ins Stocken. Der Stellungskrieg an der Westfront wiederholte sich zwar nicht, aber die Überlegenheit der See- und Luftstreitkräfte, die Beweglichkeit garantierte, mußte ebenso erkämpft werden wie die Gelegenheit zu spektakulären Vorstößen mittels Panzerkolonnen bei Landoperationen. All dies hatte hohen Verschleiß an Menschen und Material zur Folge. Wie im Ersten Weltkrieg hing der militärische Erfolg nicht nur vom taktischen und strategischen Geschick, sondern auch von der Unterstützung durch die heimische Bevölkerung und einer reibungslos funktionierenden Kriegsproduktion ab. Allerdings konnten die dafür relevanten Fabriken mitsamt ihren Belegschaften jetzt direkt aus der Luft angegriffen oder durch Seeblockaden in ihrer Effizienz behindert werden. Die Schützengräben von Verdun und Passchendaele waren passé (zumindest im Westen, während der Kampf um Stalingrad schlimmer wütete als jene Stellungskriege). Stattdessen gab es jetzt Coventry, Hamburg, Dresden und, am anderen Ende der Welt, Hiroshima. Schließlich konnten die Alliierten mehr Kreuzer, Bomber und Panzer produzieren als die Deutschen, und im Falle Rußlands zudem noch mehr Menschen mobilisieren. Am Ende glich das Deutsche

Idealisten und Ideologen

Reich den Staaten der Konföderierten im amerikanischen Bürgerkrieg: Es kämpfte verzweifelt und mit großem Geschick bis zuletzt, brach aber unter dem Gewicht der um ein Vielfaches größeren industriellen Stärke des Gegners zusammen.

An der Ostfront jedoch führte Hitler einen Krieg, den es so in Europa seit eintausend Jahren nicht mehr gegeben hatte. Er wollte den Feind nicht einfach besiegen, sondern praktisch vernichten, die Sowjetunion von der politischen Landkarte tilgen, ihre europäischen Gebiete besetzen und mit deutschen Bauern besiedeln, um so ein Gegengewicht zur, wie er meinte, überindustrialisierten Heimat zu schaffen. Dazu war es notwendig, die Juden auszurotten, denn seiner Ansicht nach konnte eine gesunde Gesellschaft nur auf einem rassisch reinen Volk beruhen. Dieses Programm unterschied sich in seinen Augen keineswegs von den Methoden, mit denen europäische Siedler die eingeborenen Bevölkerungen der amerikanischen und australasiatischen Kontinente unterworfen oder ausgerottet hatten; und tatsächlich lassen sich gewisse finstere Parallelen nicht leugnen. Aber die Sowjetunion war mittlerweile, ohne westliche Maßstäbe bereits erreicht zu haben, eine modernisierte Industriegesellschaft, deren Kriegsproduktion Gegenschläge erlaubte, denen die deutschen Armeen nicht gewachsen waren. Zudem führte die Bevölkerung in den besetzten Gebieten gegen die Invasoren einen erbarmungslosen Guerillakrieg, der den Deutschen wiederum die eigene Vernichtungspolitik gerechtfertigt erscheinen ließ. Auch auf dem Balkan griff man zu diesem aus langwährenden Kämpfen gegen die Türken bewährten Mittel. Der Partisanenkrieg, wie er später genannt wurde, war nicht das unbedeutendste Erbe, das der Zweite Weltkrieg, wie

Die Erfindung des Friedens

zuvor die Napoleonischen Kriege, der Nachwelt hinterlassen sollte.

*

1945 schien erneut der Zeitpunkt gekommen, eine neue, diesmal wirklich globale, Weltordnung zu errichten. Der Faschismus war nicht nur besiegt, sondern mit seinen eigenen Waffen geschlagen worden: Er hatte das Schwert genommen und wurde durch das Schwert vernichtet. Dabei war deutlich geworden, daß militärische Macht nicht nur für die *Errichtung*, sondern auch für die *Bewahrung* des Friedens unerläßlich war. Die bedingungslose Kapitulation der unterlegenen Mächte vermittelte den siegreichen Alliierten das Gefühl, die Welt nach ihren Vorstellungen gestalten zu können. Für ein paar Monate sah es so aus, als wären die Fundamente für einen dauerhaften Frieden endlich gelegt worden. Die Welt würde fortan von einem Konsortium demokratischer Nationen regiert werden, die im Rahmen einer dem Muster westlicher parlamentarischer Demokratien entsprechenden Verfassungsstruktur frei zusammenarbeiteten. Die Generalversammlung der Vereinten Nationen würde dabei die Legislative und der Sicherheitsrat die Exekutive stellen, dazu bevollmächtigt, bewaffnete Einsätze gegen Friedensstörer zu autorisieren. Dieser Entwurf trug in seiner Gesamtheit wie in vielen Einzelheiten das Siegel der Vereinigten Staaten, deren europäische Verbündete davon weniger überzeugt waren. Der alte Glaube an das Kräftegleichgewicht spukte nicht zuletzt deshalb noch in den Köpfen herum, weil man dem neuen amerikanischen Engagement für die Bewahrung einer friedlichen Weltordnung mißtraute und sich fragte, wie verläßlich die Vereinigten Staaten

Idealisten und Ideologen

sich zeigen würden. Großbritannien und Frankreich erblickten die Hauptbedrohung nach wie vor in einem wiedererstarkenden Deutschland. Um diese Gefahr einzudämmen, halfen die Briten den Franzosen, so schnell wie möglich die alte Stärke zurückzuerlangen und sahen ziemlich tatenlos zu, wie die Sowjets in Osteuropa ihren eigenen Sicherheitskordon errichteten. Die Franzosen unter Charles de Gaulle trauten weder dem britischen noch dem amerikanischen Engagement und versuchten, die traditionelle Entente mit Rußland wiederzubeleben. Doch wurde sehr schnell deutlich, daß die Sowjets andere Pläne verfolgten.

Stalin hatte selbstverständlich für die liberale Vision der Weltordnung wenig übrig. Er selbst mochte von einer Welt ohne Kapitalismus träumen, in der die Proletarier aller Länder sich – natürlich unter Führung der von Moskau aus dirigierten Kommunistischen Partei – zu dauerhaftem Frieden vereinigt hätten. Bis dahin aber würde der Kampf gegen den Kapitalismus unvermindert weitergehen und die Sowjetunion in einer Welt aus überwiegend feindlich gesonnenen Staaten überleben müssen. Insofern war es notwendig, ihre Macht so weit wie möglich auszudehnen, also keines der im Zweiten Weltkrieg so hart erkämpften Gebiete aufzugeben, und zugleich die kapitalistischen Gegner durch fortgesetzte Subversion und Propaganda zu schwächen. Die von den Sowjets zur Konsolidierung ihrer Macht in Mittel- und Osteuropa ergriffenen Maßnahmen – die Eliminierung der inneren Opposition zwischen 1947 und 1950, die Berliner Blockade von 1948, die Niederschlagung des ungarischen Aufstands 1956 und des Prager Frühlings 1968 – mögen strategisch defensiv gewesen sein, waren aber mit der westlichen Idee einer auf nationaler Souveränität und Selbstbestimmung beruhenden Weltord-

Die Erfindung des Friedens

nung völlig unvereinbar. Vielmehr hatten sie vieles mit Hitlers Vorgehen in den dreißiger Jahren gemein oder, bei genauerem Hinsehen, den Methoden Metternichs und Alexander I. in den zwanziger Jahren des neunzehnten Jahrhunderts. Die Invasion Südkoreas, für die Stalin, wenngleich in geringerem Maße, als der Westen damals annahm, mitverantwortlich war, mußte den Eindruck erwecken, daß die Sowjetunion tatsächlich nach der Weltmacht greifen wolle. Und so begann der Kalte Krieg; eine Konfrontation zweier Lager mit so gegensätzlichen Vorstellungen von einer Weltordnung, daß jede Seite glaubte, der Frieden ließe sich nur durch die Vernichtung des Antagonisten dauerhaft sichern. Zum Glück gelangten beide zu der Auffassung, daß jeder Schritt in diese Richtung möglicherweise auch den eigenen Untergang nach sich ziehen werde.

*

Im August 1945 wurden auf Hiroshima und Nagasaki Atombomben abgeworfen, deren Explosivkraft sich nach Kilotonnen bemaß und die Zigtausende von Opfern forderten. Militärexperten sahen in ihnen zunächst die moderne Entsprechung des Maschinengewehrs: ein Mittel, um Resultate, die auch durch traditionellere Waffen erzielt werden konnten, ökonomischer herbeizuführen. Alle kriegsführenden Parteien betrachteten Zivilisten nunmehr als legitime Angriffsziele, sei es wegen ihrer direkten Beteiligung an der Kriegsproduktion oder weil die Gegner nur mit deren, nicht immer freiwilligen, Unterstützung den Kampf fortsetzen konnten. Bei den im Sommer 1945 mit Brandbomben geführten Luftangriffen der Amerikaner waren bereits mehr Japaner getötet worden als wenig später in Hiroshima und Nagasaki. Ohne den Einsatz von Atombomben, der die Kapitulation Japans erzwang, hätte es zweifellos noch viele weitere Opfer gegeben. Diese Waffen erzielten ihre Wirkung weniger durch die von ihnen verursachten Verluste an Menschenleben, sondern durch den schon von traditionellen Schlachtfeldern her bekannten Schockeffekt. Ungeachtet sofortiger Prophezeiungen, daß die Existenz von Nuklearwaffen keinen Krieg mehr zulasse, konzentrierten sich Militärstrategen erst einmal auf die logistischen Schwachpunkte: Zum einen waren Flugzeuge als Transportmittel äußerst verwundbar, zum anderen brauchte man eine sehr viel größere Anzahl von Bomben, um eine territorial ausgedehnte Kontinentalmacht ähnlich zu erschüttern wie das dichtbesiedelte Inselreich Japan. Mit der wachsenden Konfrontation zwischen Ost und West nach dem Ende des Zweiten Weltkriegs gingen die Militärs auf beiden Seiten zur Tagesordnung über. Die Sowjets wollten ihren Einflußbereich bis zum Atlantik ausdehnen, um die Amerikaner an der strategischen Nutzung ihrer Luftstützpunkte zu hindern, während diese hofften, zumindest vom Nahen Osten, den Britischen Inseln und Spanien aus die Sowjetunion bombardieren und dann gegebenenfalls Europa ein zweites Mal ›befreien‹ zu können.

Die Völker Europas wußten von diesen Plänen nichts und hätten wohl auch keine große Begeisterung dafür gezeigt. ›Beim nächsten Mal‹, bemerkte ein französischer Premierminister, der in die Planungen eingeweiht war, zu seinem amerikanischen Kollegen, ›werdet ihr eine Leiche befreien.‹ Aber schon nach wenigen Jahren waren diese Denkspiele ähnlich überholt wie einst der Schlieffen-Plan. Inzwischen waren thermonukleare Waffen von enormer Strahlungskraft entwickelt worden, gegen die die Bomben von Hiroshima und Nagasaki

Die Erfindung des Friedens

zahm wirkten. Zugleich ermöglichte die Konstruktion von Interkontinentalraketen den Verzicht auf bemannte Bomber. Ein halbes Dutzend solcher Raketen konnte das Vereinigte Königreich mehr als einmal in Schutt und Asche legen, zwei Dutzend reichten für die Vereinigten Staaten. Die Zivilbevölkerung, zu Beginn des Jahrhunderts das Reservoir für die Truppenaushebung, im Zweiten Weltkrieg entscheidender Faktor in der Kriegsproduktion, spielte inzwischen nur noch die Rolle einer Geisel. Sollte es noch Kriege zwischen Staaten geben, so waren sie – zumindest in der industrialisierten Welt – in keiner Weise mehr als Kriege zwischen Völkern zu betrachten.

Oft ist behauptet worden, daß zwischen 1945 und 1989 der Frieden durch einen Krieg gesichert wurde, den niemand zu führen wagte. Aber auch ohne die Entwicklung von Atomwaffen wäre ein Krieg in Europa, ausgenommen vielleicht aufgrund einer gespenstischen Fehlkalkulation, nicht notwendigerweise ausgebrochen. Dafür war die Kriegsmüdigkeit viel zu weit verbreitet. Nachdem die Basis für die Unterstützung der Sowjetunion in Westeuropa erfolgreich neutralisiert worden war, was zum Teil auf wirksam durchgeführte – offene oder verdeckte – Operationen der Amerikaner, zum Teil auf den Abscheu vor den Methoden der Sowjets hinter dem Eisernen Vorhang zurückzuführen war, zeigte sich Stalin klug genug, auf offene Aggression zu verzichten, und seine Nachfolger traten noch vorsichtiger auf. Im Westen wiederum war, trotz aller Rhetorik, niemand bereit, die *Irredenta* von der sowjetischen Hegemonie zu befreien. Vielmehr nutzten die Westeuropäer den amerikanischen Nuklearschirm als gute Gelegenheit, ihre Streitkräfte, für die ein zunehmend reicher und friedlicher werdendes Wählervolk nur ungern Steuern zahl-

Idealisten und Ideologen

te und schon gar nicht daran dachte, sie zum Einsatz zu bringen, erheblich zu reduzieren. Westeuropa akzeptierte die amerikanische Militärhegemonie als preiswerte Möglichkeit, die eigene Sicherheit zu gewährleisten. Die NATO verlieh den Briten innerhalb des Bündnisses eine privilegierte Stellung und beschleunigte die Wiederaufnahme Italiens und Deutschlands in den Kreis der international angesehenen Nationen, während die Franzosen sich zwar gerne ihrer Bündnispflichten entledigt hätten, aber außerhalb der NATO keinen ansprechenden Partner fanden. Vor allem jedoch wurde die amerikanische Vorherrschaft in Westeuropa akzeptiert, weil sie eine Ordnung garantierte, die sowohl dem Faschismus, dem man auf so schmerzhafte Weise entronnen war, als auch dem Kommunismus des östlichen Europa eindeutig vorzuziehen war. Trotz aller historischen Differenzen und Rivalitäten wuchs der Westen allmählich zu einer wirklichen kulturellen Gemeinschaft zusammen.

*

Schon bald nach Beginn des Kalten Krieges wurde die öffentliche Meinung im Westen von drei miteinander konkurrierenden politischen Theorien beherrscht. Die Vertreter der einen wähnten sich in einem echten Krieg, den zu gewinnen sie, bevorzugt ohne, aber notfalls auch unter Einsatz von Atomwaffen, entschlossen waren; sie traten in den Vereinigten Staaten zahlreicher und lautstärker auf als in Westeuropa. Eine zweite Theorie fand diesseits und jenseits des Atlantik wohl den meisten Anklang; ihr zufolge war die bestehende Situation mit all ihren Unzulänglichkeiten der beste Frieden, der zu haben und nur mithilfe militärischer Abschreckung sta-

Die Erfindung des Friedens

bil zu halten war. Drittens schließlich gab es diejenigen, die in der nuklearen Abschreckung keinen Schutzschild, sondern eine Bedrohung sahen und sich mit großem Nachdruck für atomare Abrüstung einsetzten. Diese grundverschiedenen Auffassungen finden sich in zahllosen Büchern und Broschüren ausgebreitet; hier sollen einige Worte zu den Gegnern der Abschreckungsstrategie genügen.

Die Friedensbewegung genoß gegen Ende der fünfziger Jahre beträchtliche Unterstützung, weil sie sich auf die natürliche und weitverbreitete Furcht vor einem Atomkrieg berufen konnte, die auch durch die friedliche Lösung der Kubakrise von 1962 nicht gemildert worden war. In Europa war die Anti-Atom-Bewegung zunächst mit starken Vorbehalten gegen die amerikanische Vorherrschaft verbunden, wurde dann aber auf beiden Seiten des Atlantik zunehmend von gesellschaftskritischen Strömungen durchdrungen, deren radikale Ablehnung kapitalistischer Wirtschaftsformen gegen Ende der sechziger Jahre in Gestalt der Studentenbewegung zu einem kulturellen Phänomen geworden war. Das Friedenssymbol der britischen Kampagne für atomare Abrüstung (*Campaign for Nuclear Disarmament*) repräsentierte eine in Nordamerika und Westeuropa gleichermaßen verbreitete Gegenkultur, deren Anhänger den Frieden nur in einer völlig waffenfreien Welt für möglich hielten, nicht aber in einem auf Ungerechtigkeit und Terror beruhenden und vom militärisch-industriellen Komplex beherrschten System. Diese Bewegung sympathisierte nicht mit dem sowjetischen Modell, sondern ignorierte es einfach. Sie kritisierte, durchaus auch zu Recht, die amerikanische Welthegemonie, hielt es aber nicht für notwendig, eine eigene Alternative zu formulieren. Wie die Friedens- und Protestbewegungen vor den beiden

Idealisten und Ideologen

Weltkriegen sah auch sie in der wechselseitigen Aufrüstung, sei es konventioneller oder nuklearer Waffensysteme, die Ursache, nicht das Resultat internationaler Spannungen. Sie ging von der Annahme aus, daß der Westen nur aufhören müsse, die Sowjetunion mit Atomwaffen zu bedrohen, um den Gegner seinerseits zur Abrüstung zu bewegen, so daß alle Probleme dann unter der Schirmherrschaft der Vereinten Nationen friedlich zu lösen wären. Angetrieben von starken moralischen Überzeugungen setzte sich diese Bewegung nicht allzu gründlich mit machttheoretischen Erwägungen auseinander.

Tatsächlich führte die Konfrontation zwischen den beiden Weltordnungen weder zu einem offenen Krieg noch zu einseitiger Abrüstung, sondern entschärfte sich allmählich. Die Kubakrise machte beiden Seiten deutlich, mit welch erschreckend hohen Einsätzen sie spielten. In der Sowjetunion gelangte eine pragmatischer orientierte Generation an die Macht, der vielmehr daran gelegen war, die inneren Widersprüche des Kommunismus zu beheben als die des Kapitalismus auszunutzen. In den Vereinigten Staaten zerstreute sich die von Präsident Kennedy in seiner Antrittsrede so deutlich formulierte Kreuzzugsmentalität, als die Erfahrungen des Vietnamkriegs zeigten, was es wirklich heißt, ›jeden Preis zu zahlen‹ und ›jede Last zu tragen‹. 1968 hielt in Washington mit Henry Kissinger, der zuerst als Sicherheitsberater berufen und dann zum Außenminister ernannt wurde, eine neue Sicht auf die internationalen Beziehungen Einzug.

Kissinger, ein europäischer Einwanderer der ersten Generation und Verfasser beachtenswerter Studien zur europäischen Diplomatiegeschichte, lehnte den Idealismus, der für die amerikanische Außenpolitik so prä-

Die Erfindung des Friedens

gend gewesen war, rundheraus ab. Seine Vorbilder waren die Staatsmänner, die Europa nach den Napoleonischen Kriegen neu geformt hatten. Während die damaligen Großmächte, ungeachtet aller Differenzen, ein gemeinsames Interesse besaßen, den Frieden zu erhalten und die Revolution zu verhindern, ging es nun, ganz ähnlich, um eine Zusammenarbeit, die die Gefahr eines Atomkriegs ausschalten sollte. Kissinger war der Ansicht, Staatsmänner sollten sich von traditionellen nationalen Interessen leiten lassen, nicht von einem ideologisch motivierten Engagement. Der Frieden ließ sich am sichersten durch altmodische Diplomatie bewahren, die auf ein akzeptables Kräftegleichgewicht zielte. Eine solche Politik war leichter zu verfolgen, seitdem sich die Volksrepublik China als eigenständige Macht etabliert hatte, die der Sowjetunion und den Vereinigten Staaten gleichermaßen feindlich gesonnen war. Für Kissinger waren die Führer der beiden kommunistischen Großmächte Männer nach seinem Geschmack, denn auch ihnen ging es eher um die Realitäten der Machtpolitik denn um die Versprechen der Ideologie. Mit der Zeit unterhielt er zu ihnen engere Beziehungen als zu vielen seiner Kollegen in Washington. Doch solche Beziehungen konnten nur unter strengster Geheimhaltung zu konkreten Ergebnissen führen – ein Umstand, der für die Staatsmänner in Wien einst ebensowenig ein Problem darstellte wie später für Kissingers Gesprächspartner in Peking oder Moskau. In den Vereinigten Staaten aber mußte ein Präsident namens Nixon dafür sorgen, der sich ohnehin schon im Kriegszustand mit dem gesamten Washingtoner Establishment wähnte und dessen paranoide Vertuschungsversuche zu seiner Amtsenthebung führten. Wieder einmal mußte die Regierung der Vereinigten Staaten sich dem unvorhersehbaren und

Idealisten und Ideologen

widersprüchlichen Auf und Ab der öffentlichen Meinung anpassen, die, wie wir bereits gesehen haben, nicht immer so zivilisiert ist, wie Bentham es sich wünschte.

Außerdem strebte Kissinger an, die schroffen Konfrontationslinien des Kalten Krieges durch den Aufbau eines dem alten ›Europäischen Konzert‹ vergleichbaren multipolaren Systems aufzuweichen, in dem die Welt durch ein Konsortium, bestehend aus den Vereinigten Staaten, der Sowjetunion, Japan und Europa, regiert werden würde. Multipolare Systeme, so erklärten amerikanische Politologen, seien ihrem Wesen nach stabiler als bipolare. Das mag so sein, historische Paradigmen jedoch lassen sich nicht so leicht wiederbeleben. Trotz seines neuerworbenen Wohlstands war Japan zu zaghaft, um solch globale Verantwortung auf sich zu nehmen, während Europa zwar schon etwas mehr darstellte als den bloßen geographischen Begriff, aber noch lange nicht die für eine gemeinsame Verteidigungs- und Außenpolitik erforderliche Einigung erreicht hatte. Beide, Japan wie Europa, waren noch, im wörtlichen Sinne, Geschöpfe der Vereinigten Staaten. Das galt indes nicht für die einzelnen Länder Europas. Die Briten folgten den Amerikanern weiterhin wie ein braver, wenngleich manchmal verwirrter, Jagdhund, während de Gaulles Tod an der Entschiedenheit der französischen Regierung, sich bei jeder möglichen Gelegenheit von der amerikanischen Politik zu distanzieren, nichts geändert hatte. Die Bundesrepublik Deutschland blieb zwar loyales Mitglied der NATO, war aber eifrig dabei, ihre eigene ›Ostpolitik‹ zu betreiben, die auf das friedliche Aushöhlen der Grenzen, zunächst zur DDR, dann zu Osteuropa allgemein zielte. Diese Politik bewährte sich in den siebziger Jahren durch die in Helsinki begonnenen KSZE-Konferenzen, deren Vereinbarungen über freien

Die Erfindung des Friedens

Handel, Kommunikation und politische Zusammenarbeit zwischen Ost und West einen großen Schritt hin zur Sicherung des Friedens im kantischen Sinne darstellten.

*

Europa war zwar immer noch die wichtigste, doch schon lange nicht mehr die einzige Region der Welt, in der es um die Schaffung des Friedens ging. Fast ein Jahrhundert lang glich die Weltordnung einer europäischen Ordnung im Großformat. Abgesehen von China und dem amerikanischen Kontinent bestand die Welt aus Gebieten, die offiziell oder inoffiziell zu Europa gehörten. Der europäische Frieden war im großen und ganzen ein Weltfrieden, während es sich bei den europäischen Kriegen um Weltkriege handelte (der ›Erste‹ Weltkrieg war in Wirklichkeit der sechste). Nach dem Zweiten Weltkrieg jedoch besaßen die Europäer weder mehr die Kraft noch die Mittel, ihre imperialen Hegemonien aufrechtzuerhalten. Wenn es etwas gab, worüber sich Amerikaner und Sowjets einig sahen, dann war es diese Entwicklung, die beide Mächte einhellig begrüßten. Anfänglich begleitete Washington die Entstehung der postkolonialen Staaten mit demselben Wohlwollen, das es auch den neuen Staaten Europas nach dem Ersten Weltkrieg entgegengebracht hatte. Aber wenn diese Staaten unter kommunistischer Herrschaft oder zumindest tätiger Beihilfe der Sowjetunion entstanden, sich der Konfrontation des Kalten Krieges entzogen, indem sie sich für blockfrei erklärten und der amerikanischen Führungsrolle in den Vereinten Nationen entgegenstellten, schwand das Wohlwollen sehr schnell dahin und die Imperative des Kalten Krieges traten zutage. Treue zum Westen war die Bedingung für politische Zuwendung, und die Vereinigten Staaten unterstützten jede loyale Regierung, mochte sie auch noch so autoritär sein, großzügig mit Waffen, Hilfsfonds und technischen Beratern. Ähnlich verfuhr die Sowjetunion mit ihrer Klientel, war dabei jedoch – abgesehen von der Einrichtung sozialer Kontrollmechanismen, die sie glänzend beherrschte – weitaus weniger effektiv. Selbst wenn es ernsthafte Bemühungen gab, demokratische Institutionen nach westlichem Vorbild zu etablieren, wie die Briten dies in ihren ehemaligen afrikanischen Besitzungen versuchten, schlugen die schon nach kürzester Zeit fehl. Scheinbar konnte die Stabilität in diesen Gesellschaften nur durch autoritäre Herrschaftsformen gewährleistet werden. Normalerweise bediente man sich dazu einer im Westen ausgebildeten militärischen Führungselite, die, so hoffte man, die Wirtschaft entwickeln und zur Stärkung einer kleinen Bildungselite, von der die erfolgreiche Verwaltung der Staatsgeschäfte abhing, beitragen würde. Erneut wurde deutlich, daß demokratische Institutionen an sich noch keine Garantie dafür sind, Kulturen zu demokratisieren, die, ungeachtet ihrer eigenen Werte, nicht jene Art von Zivilgesellschaft ausgebildet haben, in der das westliche Modell verwurzelt ist. Daß sich viele Länder der Dritten Welt schließlich auf die Seite des Westens schlugen, lag weniger an ideologischen Präferenzen, sondern daran, daß sich solche Parteinahme auszahlte.

Die regionalen Konflikte, die überall auf der Welt im Anschluß an die Entkolonialisierung folgten, galten zumeist als Stellvertreterkriege in der Auseinandersetzung zwischen der Sowjetunion und dem Westen. Grundsätzlich aber handelte es sich dabei um jene lokalen oder regionalen Machtkämpfe, die immer einsetzen, wenn große Reiche zusammenbrechen. Sie wurden

Die Erfindung des Friedens

zwar durch den Kalten Krieg verschärft und bisweilen auch verlängert, doch sie wären auch ohne ihn ausgebrochen und sollten nach seinem Ende noch lange fortwähren. In manchen Regionen wie etwa dem indischen Subkontinent wurden sie mit den ausgefeilten Waffensystemen der industriell entwickelten Länder ausgefochten. Anderenorts bedienten sich Aufständische, die gegen die alten Kolonialregimes oder ihre Nachfolger antraten, der von Mao Tse-tung entwickelten Techniken, mit denen er in den dreißiger Jahren die Japaner und in den Vierzigern die nationalistische Regierung in China selbst bekämpfte. Wie er versuchten sie, mit Hilfe einer Kombination aus Propaganda und Guerillakrieg die Unterstützung der Bevölkerung zu gewinnen und die neue Ordnung aufzubauen, während sie die alte zerstörten. Mit dieser Technik konnte der Westen letztlich ebenso wenig fertig werden wie später die Sowjetunion. Westliche Armeen von Wehrpflichtigen kämpften, überbewaffnet und zu schwach motiviert, auf fremdem Boden, umgeben von einer Bevölkerung, bei der es schwierig war, Freund und Feind auseinanderzuhalten. Wollte man Erfolg haben, benötigte man Geduld, militärische Erfahrung, politische Kühnheit und vor allem Unterstützung aus der Heimat. Die aber blieb aus, weil die dortigen Wählerschaften überwiegend mit ihrem eigenen Wohlergehen beschäftigt waren, während die Eliten darüber stritten, ob das ganze Unterfangen klug und moralisch zu verantworten sei. Insgesamt sollten die Ereignisse den Skeptikern Recht geben. Der Westen konnte die Entwicklung der postkolonialen Welt auf vielerlei Weise beeinflussen, die offene militärische Intervention allerdings war, von wenigen Ausnahmen abgesehen, der ungeeignetste Weg.

Idealisten und Ideologen

Der Kalte Krieg endete 1989 jäh und dramatisch, und die Historiker werden noch lange über die Ursachen debattieren. Zweifellos hat der Westen ›gewonnen‹, und ebenso zweifellos lag diesem Sieg ein starkes militärisches Element zugrunde. Clausewitz hatte darauf hingewiesen, daß die genaue Abwägung des Ausgangs eines Kampfes diesen selbst überflüssig machen kann. Während des Kalten Krieges zielte die Militärpolitik beider Seiten darauf, den Gegner davon zu überzeugen, daß er den Krieg, falls er ihn beginne, verlieren würde – wenn nicht durch eine traditionelle Niederlage, dann durch die Auslösung einer nuklearen Katastrophe, angesichts derer Begriffe wie ›Sieg‹ oder ›Niederlage‹ keine Bedeutung mehr hätten. Dies hatte nicht so sehr die numerische Aufrüstung zur Folge, sondern führte zu dem Bemühen, bei einer rapide sich entwickelnden – und verteuernden – Waffentechnologie die Nase vorn zu haben. Die alte Redensart, *pecunia nervus belli*, galt für den Kalten Krieg genauso wie für den heißen. Die Vereinigten Staaten konnten das Marschtempo vorgeben, ohne ihre Volkswirtschaft allzusehr zu belasten. Die Sowjetunion konnte nur mithalten, wenn sie den zivilen Sektor aushungerte und den Lebensstandard, auf den sie in den fünfziger Jahren mit Recht stolz gewesen war, drosselte oder sogar zurückschraubte. In den achtziger Jahren schließlich, als Ronald Reagan sein visionäres ›Star Wars‹-Projekt verkündete (das, unabhängig von der Frage seiner Praktikabilität, den weiten Vorsprung sichtbar machte, den die Amerikaner mit ihren militärischen Möglichkeiten errungen hatten) und eine neue Ära der Informationstechnologie mit tiefgreifenden Auswirkungen auf eine effektivere Kriegsführung anbrach, erkannte die sowjetische Führung, daß sich das militärische Gleichgewicht nur unter unannehmbaren Kosten

Die Erfindung des Friedens

aufrechterhalten lassen würde. So faßte sie den wahrhaft bemerkenswerten Entschluß, die Konfrontation wenn möglich zu beenden.

Indessen war dieser Entschluß so bemerkenswert wie logisch. Trotz der unleugbaren Modernisierungserfolge hatte das kommunistische System nach über siebzig opferreichen Jahren seine Versprechen nicht einlösen können, während der Kapitalismus florierte wie nie zuvor. Der Faschismus hatte versagt, weil er den versprochenen militärischen Sieg, der Kommunismus, weil er den versprochenen Wohlstand schuldig geblieben war. Die Bürger der Sowjetunion befanden sich nicht mehr in glücklicher Ahnungslosigkeit über das, was jenseits des Eisernen Vorhangs passierte, die Völker Mittel- und Osteuropas, nachdem die Vereinbarungen von Helsinki in die Tat umgesetzt wurden, erst recht nicht. Ihre massiven friedlichen Proteste zeigten, wie ausgehöhlt die sowjetische Hegemonie mittlerweile war. Michail Gorbatschow hatte noch gehofft, daß das KSZE-Friedensabkommen, das durch die Verträge von 1990/91 über die Wiedervereinigung Deutschlands und ein befreites Osteuropa bekräftigt wurde, mit einem reformierten Kommunismus vereinbar wäre, aber das war ein Irrtum. Die Partei zerfiel und mit ihr, wenn man von ein paar vereinzelten Inseln wie Kuba oder Nordkorea absieht, der Kommunismus als Alternativideologie zur westlichen Demokratie. Zum drittenmal in einem Jahrhundert konnte ein Präsident der Vereinigten Staaten die Inauguration einer neuen Weltordnung verkünden.

V
Tomahawks und Kalaschnikows:
Anno Domini 2000

Im letzten Jahrzehnt des zwanzigsten Jahrhunderts schienen die liberalen Erben der Aufklärung erneut in der glücklichen Lage, den Frieden zu errichten. Wie es aussah, standen die Chancen besser als je zuvor. Das Chaos konfligierender Zielsetzungen, das 1918 eine durchgreifende Regelung der internationalen Beziehungen verhindert hatte, war Geschichte und die Welt nicht mehr, wie 1945, faktisch zweigeteilt. Ein alternatives Modell für eine Weltordnung stand nicht zur Debatte; Kant und seine Anhänger schienen mit ihrem Konzept triumphiert zu haben. Die Länder der ehemaligen sozialistischen Staatengemeinschaft waren darüber keineswegs verstimmt, sondern wetteiferten darum, dieser neuen Ordnung beitreten zu können. Selbst die Volksrepublik China nutzte die von der Partei auferlegten autoritären Strukturen, um das Land so schnell wie möglich für die neue globale Marktwirtschaft konkurrenzfähig zu machen. Der Konsens schien sich weiter zu festigen, als Saddam Hussein anachronistischerweise zu Gewaltmaßnahmen griff, um eine regionale Hegemonie zu errichten. Unter der Ägide der USA faßten die Vereinten Nationen den Entschluß, gegen diese Gefährdung der internationalen Sicherheit einzuschreiten, was zu dem Zeitpunkt sehr viel glaubwürdiger wirkte als 1950 im Korea-Konflikt. Endlich schien die Welt im Sinne der liberalen Aufklärer frei zu sein, endlich gab es Reisefreiheit, freien Austausch von Ideen

Die Erfindung des Friedens

und, vor allem, Handelsfreiheit. Ein enthusiastischer amerikanischer Theoretiker meinte damals, daß nicht nur eine neue Weltordnung angebrochen, sondern die Geschichte selbst an ihr Ende gelangt sei. Seine europäischen Kollegen jedoch, die die Fähigkeit der Geschichte kannten, sich wieder aufzurappeln und hart zurückzuschlagen, blieben eher skeptisch.

Ihre Skepsis sollte sich bestätigen. Binnen einer Dekade war die allgemeine Stimmung umgeschlagen und das neue Jahrtausend wurde statt mit Hoffnung mit Besorgnis begrüßt. Dafür gibt es zwei wesentliche Gründe.

Zum einen führt der freie Austausch von Ideen und vor allem von Gütern nicht notwendigerweise zum Frieden. Marx hatte sehr zu Recht auf die Spannungen hingewiesen, die eine globale Marktwirtschaft hervorruft, auch wenn seine Vorschläge zur Behebung dieser Spannungen sich als untauglich erwiesen haben. In einer kapitalistischen Gesellschaft, sei sie global oder lokal, werden die Schwächsten an den Rand gedrängt. Globaler Wettbewerb führt oft zum lokalen Ruin. Schon im neunzehnten Jahrhundert waren nationale Regierungen von einer noch in den Kinderschuhen steckenden Industrie wie auch von alteingesessenen Erzeugern landwirtschaftlicher Produkte zu Protektionsmaßnahmen gegen industriell fortgeschrittenere Auslandskonkurrenten gedrängt worden. Vor allem in den weniger entwickelten Staaten Osteuropas war man der wachsenden Macht des internationalen Kapitalismus voller Ressentiment begegnet. Überall zwischen Wien und Moskau kam es zu heftigen Reaktionen in der Bevölkerung, die zumeist jedoch nicht, wie Karl Marx erwartet hatte, vom Proletariat, sondern vom städtischen Kleinbürgertum und der Bauernschaft ausgingen. Dabei entstand eine gefährliche Atmosphäre des Fremdenhasses, Antisemitismus, Nationalismus und Autoritarismus, die schließlich dem Faschismus den Boden bereitete. Zwischen den Weltkriegen hatten faschistische wie kommunistische Staaten Kommandowirtschaften errichtet, um sich gegen die Krisenerscheinungen des internationalen Marktes, die 1929 so katastrophale Folgen gehabt hatten, abzuschotten. Im Westen wurde der augenscheinliche Erfolg dieser Maßnahmen neidvoll registriert. Die Wirtschaftsstrukturen der Achsenmächte waren im Zweiten Weltkrieg zerschlagen worden, doch vollzog sich ihr Wiederaufbau mit großzügiger Hilfe der Vereinigten Staaten. Zudem gab es in Deutschland und Italien ein einflußreiches Unternehmertum und Japan verfügte über eine starke Corporate Culture, sodaß diesen Ländern der Übergang zur Marktwirtschaft nicht allzu schwer fiel. Doch als nach 1989 die Schranken niedergerissen wurden, die den sozialistischen Wirtschaften nicht nur das Überleben, sondern auch ein bescheidenes Wachstum ermöglicht hatten, breitete sich ökonomisches Chaos aus, und weite Schichten der Bevölkerung verarmten. Optimisten hielten dies zunächst für eine dem Frühkapitalismus des Westens vergleichbare Übergangsperiode, doch was sich schließlich in der ehemaligen Sowjetunion, wie zuvor schon in vielen Ländern Afrikas, herausbildete, war keine Demokratie, sondern ›Kleptokratie‹. Der Kapitalismus – das Gesetz des Marktes – funktioniert nur im Rahmen einer stabilen Zivilgesellschaft, die durch eine effektiv arbeitende Bürokratie und gemeinsame moralische Werte zusammengehalten wird, also durch Bedingungen, die eine Marktwirtschaft selbst nicht zu schaffen fähig ist. Häufig haben demokratische Wahlen den Effekt, einen solchen sozialen

Die Erfindung des Friedens

Zusammenhalt zu untergraben. Unter diesen Umständen ist in den postkommunistischen Gesellschaften vielfach nicht das von Liberalen erhoffte System von Ordnung und Wohlstand entstanden, sondern eine ähnliche Atmosphäre des Nationalismus, Fremdenhasses und Autoritarismus, die eine Generation zuvor den Faschismus hervorgebracht hatte. Ein Pessimist könnte unter Berufung auf William Goldings verstörenden Roman *Der Herr der Fliegen* daraus schließen, daß eben dies der wahren Natur des Menschen entspricht.

Zum anderen gibt es auf der Welt immer noch viele Regionen, in denen westliche Werte und die mit ihnen in Beziehung gebrachte wirtschaftliche Modernisierung als kulturelle Fremdkörper empfunden werden, die den dortigen sozialen Zusammenhalt und das bestehende Wertgefüge bedrohen. In solchen Regionen geht der stärkste und am besten organisierte Widerstand von etablierten Religionen aus, deren Führer sich, wie einst die der katholischen Kirche im neunzehnten Jahrhundert, als Hüter der tradierten Ordnung betrachten. Ein augenfälliges Beispiel dafür sind gewisse, etwa im Iran vorherrschende, Richtungen des Islam. Innerhalb dieser Gemeinschaften kann gegen den hauptsächlichen ›Kulturträger‹ der neuen Ordnung, die Vereinigten Staaten, eine instinktmäßige Feindseligkeit mobilisiert werden, ähnlich wie in Deutschland im neunzehnten Jahrhundert der Haß auf Frankreich als Kulturträger der Revolution genährt wurde. Wie damals die Trikolore gelten heute die *Stars and Stripes* solchen Kulturen nicht als Symbol der Befreiung, sondern der Fremdherrschaft und Unterdrückung. Aber die ressentimentgeladene Ablehnung der Modernisierung findet sich auch in zahlreichen fundamentalistischen christlichen Sekten, von denen viele in den Vereinigten Staaten selbst beheimatet sind. Solche Konflikte werden auf internationaler wie nationaler Ebene ausgetragen, zwischen städtischen und ländlichen Gemeinden innerhalb eines Staates. In vielen Ländern der Dritten Welt sind autoritäre Regime dadurch an die Macht gelangt, daß sie die Bevölkerung gegen Modernisierungsbestrebungen der westlich orientierten urbanen Eliten oder gegen ethnische Gruppen aufstachelten. Andernorts hat sich eine locker gefügte internationale Organisation extremistischer Grüppchen daran gemacht, die amerikanisch geprägte säkulare Weltordnung zu stürzen und eine Art Theokratie zu errichten, wie es sie zuletzt im mittelalterlichen Europa gegeben hat. Sie haben sich einem religiösen Fanatismus verschrieben, den man aus den modernen westlichen Gesellschaften längst getilgt glaubte, sind aber zugleich mit allerneuesten Waffen ausgerüstet.

Weiter kompliziert hat sich die Lage durch die Infragestellung dessen, was als Kern der Westfälischen Friedensordnung von 1648 zu betrachten ist: der souveräne Staat selbst. Er ist in zunehmendem Maße angreifbar geworden – von oben, von der Seite und von unten. Durch den Globalisierungsdruck entstehen supranationale Gebilde, deren Macht die der souveränen Staaten übersteigt. Ursprünglich wurden solche Gebilde ins Leben gerufen, um übergreifende ökonomische Probleme zu lösen, doch mittlerweile haben sie, um nationale Unterschiede auszugleichen, ihre Rechtsprechung allmählich auch auf die Sozialgesetzgebung ausgedehnt. Dieser Prozeß tritt am deutlichsten in der Europäischen Union zutage, die erst kürzlich versucht hat, einem ihrer Mitglieder, nämlich Österreich, vorzuschreiben, wie dessen gewählte Regierung zusammengesetzt sein soll. Allerdings kann man aus dem EU-Modell keine

Die Erfindung des Friedens

allzu weitreichenden Schlußfolgerungen für die übrige Welt ziehen. Vor allem die Vereinigten Staaten sind willens und überaus fähig, sich solchen Eingriffen in die eigene Souveränität nahezu unbegrenzt zu widersetzen. Aber je schwächer ein Staat, desto eher kann seine Autorität in Frage gestellt werden. Vor nicht allzu langer Zeit ist das in der Charta der Vereinten Nationen festgeschriebene Verbot der Einmischung in die inneren Angelegenheiten eines UN-Mitgliedstaats, hauptsächlich auf Betreiben der Vereinigten Staaten und ihrer engsten europäischen Verbündeten, außer Kraft gesetzt worden. Sie beanspruchen nun das übergreifende Recht, auch ohne Sanktionierung durch die UN-Vollversammlung notfalls gewaltsam in die Angelegenheiten souveräner Staaten einzugreifen, um Menschenrechtsverletzungen zu verhindern. Dieser Anspruch ist nicht neu, sondern ruft jene Argumentation ins Gedächtnis, mit der die europäischen Mächte im neunzehnten Jahrhundert ihre (gemeinsam betriebene) Einmischung in die inneren Angelegenheiten des Ottomanischen Reiches rechtfertigten oder Kolonisierungsbestrebungen in anderen, ›barbarischen‹ Teilen der Welt das Mäntelchen des zivilisatorischen Auftrags umhängten. Auch das Recht auf Einmischung in die finanziellen Angelegenheiten eines Staates gab es, für den Fall chronischer Überschuldung, damals schon – ein Vorgehen, das uns heute durch die Aktivitäten des Weltwährungsfonds vertraut geworden ist. Die universelle Anerkennung und, falls notwendig, gewaltsame Durchsetzung humanitärer Normen hätte man zu früheren Zeiten allgemein als Markstein für den Fortschritt der Menschheit begriffen, doch mittlerweile wird selbst im Westen die Ansicht geäußert, daß sich darin eher Kulturimperialismus manifestiert. Gewiß können nur wenige Staaten als wirklich souverän gelten, wenn ihre mächtigeren Nachbarn in der Lage sind, ein derartiges Aufsichtsrecht über ihre inneren Angelegenheiten auszuüben.

Vielleicht noch gewichtiger ist der laterale Druck, der durch die Globalisierung ausgeübt wird. Von der Ostindischen Handelsgesellschaft bis hin zu Cecil Rhodes in Südafrika gelang es machtvollen ausländischen Geschäftsinteressen, die Regierungen schwächerer Staaten zu bevormunden oder einfach zu umgehen. Zwar werden entsprechende Möglichkeiten heutiger multinationaler Konzerne manchmal gewaltig überschätzt, aber nicht einmal die stärksten Volkswirtschaften können sich ihrem Druck entziehen, und durch die private Manipulation von Finanzmärkten ist selbst die Währungshoheit als grundlegendste Funktion staatlicher Souveränität ins Wanken geraten oder gar gekippt worden. Zudem hat die Explosion globaler Kommunikationsnetze den Aktionsraum privater Interessengruppen wie etwa Umwelt- und Menschenrechtsorganisationen beträchtlich erweitert. Bisweilen scheinen sogenannte souveräne Regierungen zu bloßen Schlachtfeldern zu werden, auf denen nicht-staatliche Akteure ihre Konflikte austragen.

Am heftigsten allerdings ist die Souveränität durch die schwindende Unterstützung seitens der eigenen Bevölkerung in Mitleidenschaft gezogen worden. Viele Staaten, die nach 1945 entstanden sind, haben sich einfach deshalb nicht zu Nationen entwickeln können, weil ihnen der entscheidende Initiationsritus – der Kampf oder die glaubhafte Bereitschaft zum Kampf um die Unabhängigkeit – erspart blieb. Ihre Kolonialherren überließen sie nach einigen bittern Lehren geschwind und friedlich ihrem eigenen Schicksal und

Die Erfindung des Friedens

verschafften ihnen, oft in hilfreicher Absicht, die zum Aufbau einer Nation notwendigen Instrumente, ohne daß es eine solche schon gegeben hätte. Der Befreiungskampf, sofern er stattfand, wurde häufig von kleinen, entschlossenen Gruppen geführt, die stärkeren Rückhalt bei westlichen Sympathisanten als bei der eigenen Bevölkerung hatten und sich demzufolge nach der Befreiung in fortwährende Bürgerkriege verstrickt sahen. Die Bevölkerungen solcher Staaten fühlen sich zu keiner Loyalität gegenüber Regierungen verpflichtet, die unpopuläre Modernisierungsprogramme durchzusetzen versuchen, hoch verschuldet, korrupt oder beides zugleich sind.

Sogar in den entwickelten industriellen und postindustriellen Staaten macht die sinkende Wahrscheinlichkeit eines großen Krieges – und ganz gewiß eines Krieges, der die gesamte Bevölkerung beträfe – jene gesellschaftliche Mobilisierung, die Staaten allererst hervorgebracht und während der traumatischen Modernisierungserfahrungen des neunzehnten Jahrhunderts zusammengehalten hat, mittlerweile überflüssig. Das leidenschaftliche populäre Engagement, das die Kriege von Nationen und die Schaffung von Nationen ermöglicht hatte, basierte auf der – obgleich oft bloß theoretischen – individuellen Bereitschaft, für das Vaterland zu sterben oder zumindest diejenigen mit allen Kräften zu unterstützen, die dazu verpflichtet worden waren. Im Krieg wurde Rechenschaft über die nationale Leistungsfähigkeit und Opferbereitschaft abgelegt. Er prüfte den Überlegenheitsanspruch der herrschenden Eliten und schrieb bis weit ins zwanzigste Jahrhundert hinein den geheimen Lehrplan für die Erziehung junger Männer. Die Symbole und Riten des Nationalbewußtseins festigten die gesellschaftliche

Solidarität in Zeiten, da sie größtem Druck ausgesetzt war. Doch am Ende des zwanzigsten Jahrhunderts wurde der Tod nicht mehr als Bestandteil des Gesellschaftsvertrags angesehen. Krieg, oder die ständige Möglichkeit eines solchen, war kein Faktor mehr, der den Zusammenhalt der Gesellschaft gewährleistete, und nichts Vergleichbares war an seine Stelle getreten. Wo die Wehrpflicht beibehalten wurde, geschah dies zumeist aus sozialen und politischen Erwägungen. Militärisch gesehen war sie zunehmend kontraproduktiv. Wie in Zeiten der Aufklärung wurde Krieg nun wieder von hochgradig ausgebildeten Spezialisten geführt, die indes immer schwieriger für den Waffendienst zu gewinnen waren.

Unter diesen Umständen erscheint ein Patriotismus, der die Völker Europas zwei Weltkriege hat durchstehen lassen, nunmehr ebenso archaisch wie die feudalen Loyalitäten, die er einst ersetzte. Die Nationalflagge ist kein Symbol mehr, das Ehrfurcht und Respekt erweckt, sondern bestenfalls das Logo einer Firma – *Großbritannien AG* –, deren Funktion darin besteht, ihren Anteilseignern Dividende zu verschaffen. Wer heute, wie Edmund Burke im achtzehnten Jahrhundert, beklagt, daß die Nation zu einer Aktiengesellschaft verkommen sei, wird es schwer haben, seine Klagen funktional zu rechtfertigen. Bedroht von größeren Gebilden, die ihn zu absorbieren und kleineren, die ihn aufzuspalten suchen, kann sich der Staat nur auf das rein pragmatische Argument zurückziehen, noch immer der bessere Garant für seine Aktionäre zu sein. Selbst seine Waffen werden nicht nur mit Blick auf die nationale Verteidigung, sondern auch mit dem Gedanken an profitable Auslandsgeschäfte entwickelt und produziert. Tatsächlich investieren die europäischen Staaten in ihre Streitkräfte nicht mehr als not-

Die Erfindung des Friedens

wendig ist, um die Vereinigten Staaten von ihrer ›Bündnisfähigkeit‹ zu überzeugen.

Solche Verallgemeinerungen treffen selbstverständlich nicht auf die Vereinigten Staaten, geschweige denn Rußland oder die Volksrepublik China zu. In China bleiben die Streitkräfte weiterhin ein für den nationalen Aufbau unverzichtbares Element, während sie für die Russen vielleicht zum Motor nationaler Regeneration werden könnten. Doch in den Vereinigten Staaten stellt sich die Lage komplizierter dar. Ihre militärische Vorherrschaft über den Rest der Welt ist inzwischen so ausgeprägt wie die der gesamten europäischen Mächte im neunzehnten Jahrhundert und bildet somit das unumstrittene Fundament der neuen Weltordnung. Amerikanische Eliten sind sich nach wie vor der damit einhergehenden Verantwortung bewußt, die einer ähnlichen Verquickung moralischen Engagements mit materiellen Interessen entspringt, von der sich bereits die europäischen Vorgänger hatten leiten lassen. Die Bevölkerung der USA erweist dem Krieg gegenüber weder die Ehrerbietung, die für die Europäer am Ende des neunzehnten Jahrhunderts so bezeichnend war, noch legt sie jene affektive Ablehnung militärischer Konflikte an den Tag, die heute in den europäischen Staaten vorherrscht. Den Amerikanern bedeutet ihre Flagge sehr viel mehr als nur ein Logo, und wehe dem, der einzig das in ihr sieht. Überdies hat sich in der amerikanischen Populärkultur eine noch aus Zeiten Andrew Jacksons herrührende Kriegsbegeisterung erhalten. Zugleich aber schreckt man, wie in allen urbanisierten Gesellschaften des Westens, davor zurück, schwere Verluste an Soldaten oder Zivilisten in Kauf zu nehmen. Jeder im Kampf gefallene Soldat gilt als nationaler Märtyrer, der in die Heimat überführt und dort mit allen militärischen

Tomahawks und Kalaschnikows

Ehren zu Grabe getragen wird. Jeder Abschuß eines Luftwaffenpiloten setzt unglaublich aufwendige Rettungsmaßnahmen in Gang. Diese Widersprüche des sogenannten post-heroischen Zeitalters sind auch durch die Entwicklung intelligenter Technologien, welche das treffsichere Zerstören feindlicher Ziele aus großen Entfernungen ermöglichen, noch nicht gelöst. Wer seine Streitkräfte möglichst aus der Gefahrenzone heraushalten will, hat es schwer gegen einen Feind, der in dieser Hinsicht weniger skrupulös ist. Tomahawk-Raketen mögen den Luftraum beherrschen, doch am Boden geben immer noch Kalaschnikow-MGs den Ton an. Dieses Ungleichgewicht macht die Durchsetzung einer neuen Weltordnung zu einer recht problematischen Angelegenheit.

*

Auf den ersten Blick müßte eine solche Erosion des Nationalstaats, wenn nicht des Staates selbst, guten Kantianern willkommen sein – immerhin hatte gerade die Ideologie des Nationalismus die furchtbaren Kriege ermöglicht, die in der ersten Hälfte des zwanzigsten Jahrhunderts tobten. Immer wieder wurde dem Völkerbund wie auch den Vereinten Nationen zum Vorwurf gemacht, daß sie Zusammenschlüsse von *Staaten*, nicht aber von *Völkern* seien. Erst wenn die Völker über ihre Regierungen hinweg gegenseitige Beziehungen aufnähmen, wäre der Frieden endgültig gesichert. Genau dies, so ließe sich argumentieren, wäre heute durch das Wachstum transnationaler Kommunikationsmöglichkeiten und weltweit operierender Interessengruppen zu erreichen. Ist das nicht eine überaus wünschenswerte Entwicklung?

Die Erfindung des Friedens

Wie wir gleich sehen werden, lautet die Antwort: ja, natürlich. Problematisch ist allerdings, daß der Staat nicht nur den Krieg, sondern auch den Frieden ermöglicht. Frieden ist die Ordnung, wie unvollkommen auch immer sie sein mag, die aus Vereinbarungen zwischen Staaten hervorgeht und nur durch diese Vereinbarungen aufrechterhalten werden kann. Auch in einer völlig globalisierten Welt ist nicht klar, welche alternativen Akteure in dieser Hinsicht den Staat ersetzen könnten oder sollten. Er ist und bleibt das einzig wirksame Instrument, mit dem Völker sich selbst regieren können, und er erreicht die Grenze seiner Legitimität an dem Punkt, wo seine Bürger ihn nicht mehr als Repräsentanten ihrer Gemeinschaft akzeptieren. Dann können sie lediglich einen neuen Staat ins Leben rufen. Die Erosion staatlicher Autorität wird also die Weltordnung eher schwächen als stärken, weil die Staaten nun nicht mehr den internationalen Verpflichtungen, von denen diese Ordnung abhängt, nachzukommen in der Lage sind. Supranationale Institutionen können nur wirksam arbeiten, wenn ihnen die Loyalität entgegengebracht wird, die der Staat immer noch von seinen Bürgern verlangen darf. Dazu aber wird ein homogenes Kultur- und Wertesystem benötigt, das Generationen braucht, um sich zu entwickeln, und selbst dann können konfligierende regionale Interessen die ganze Struktur zerstören, wie es im amerikanischen Bürgerkrieg beinahe geschehen wäre.

Kant hatte daher vollkommen recht, in der Existenz von Republiken die notwendige Bedingung für einen dauerhaften Frieden zu sehen, doch liegt der Grund dafür eher in dem Gehorsam, den solche Staaten von ihren Bürgern einfordern können, als in der natürlichen Abneigung von Bürgern gegen den Krieg. Der Gehorsam erst ermöglichte es, sogar zu Kants Zeiten, schrecklichere Kriege zu führen als die begrenzten bewaffneten Konflikte von Monarchen, und trotzdem war er immer noch die einzige Grundlage für einen stabilen Frieden.

Doch reicht Gehorsam allein nicht aus. Wie breits ausgeführt, stellt Frieden keine für die Menschheit natürliche Ordnung dar. Er ist ein komplexes und äußerst instabiles Kunstprodukt. Zu seiner Verwirklichung bedarf es zahlreicher Vorbedingungen – eines gewissen Maßes an kultureller Homogenität etwa (die ihren geeignetsten Ausdruck in einer gemeinsamen Sprache findet), um den für ein von allen Bürgern akzeptiertes Rechtssystem notwendigen politischen Zusammenhalt zu schaffen, sowie einer zumindest minimalen Allgemeinbildung, durch die diese Kultur vermittelt werden kann. Ferner benötigen diese Staaten, je weiter sie entwickelt sind, eine hochqualifizierte Elite, die nicht nur die komplexen Rechts-, Wirtschafts- und Verwaltungssysteme bedienen, sondern auch erheblichen moralischen Einfluß auf die übrige Gesellschaft ausüben kann. Wo diese Bedingungen nicht existieren oder in Verfall geraten sind, gibt es vielleicht auch keine Gemeinschaft, die willens oder fähig wäre, eine nationale oder internationale Friedensordnung zu errichten oder bewahren. Der bewaffnete Konflikt ist damit vorprogrammiert.

Soll es also eine globale Friedensordnung geben, so muß eine Weltgemeinschaft geschaffen werden, deren Wesenszüge genau diejenigen sind, die auch eine binnenstaatliche Ordnung gewährleisten, und das erfordert die weitestmögliche Verbreitung jener Wesenszüge durch Gesellschaften, die bereits im Besitz derselben sind. Eine Weltordnung kann nicht geschaffen werden, indem einfach internationale Institutionen

Die Erfindung des Friedens

und Organisationen gegründet werden, die nicht auf natürliche Weise aus den kulturellen Anlagen und historischen Erfahrungen ihrer Mitglieder erwachsen. Zumindest bedarf es einer transnationalen Elite mit gemeinsamen kulturellen Normen, die diese in ihrer jeweils eigenen Gesellschaft durchsetzen und, wo immer möglich, die Mitstreiter in anderen Ländern von den Modifikationen überzeugen kann, die vorzunehmen sind, um diese Normen annehmbar zu machen.

Im Mittelalter stellte die Kirche eine solche transnationale Elite dar. Der Klerus verfügte über eine gemeinsame Sprache und Kultur und gehörte einer internationalen Ordnung an, deren Normen zum einen auf lokaler Ebene durchgesetzt und zum anderen abgewandelt werden mußten, um regional verschiedene kulturelle Praktiken zu berücksichtigen. Sein Aufstieg endete mit der Reformation, doch da hatte sich bereits eine neue Elite formiert: die der Adelsfamilien, die per Heirat häufig durch engere oder weitere verwandtschaftliche Beziehungen miteinander verbunden waren. Sie führten von nun an die Geschäfte der sich herausbildenden Staaten, dabei wurden sie zunehmend von jenen an Universitäten herangezogenen Juristen und Gelehrten unterstützt, die später den Nährboden der Aufklärung bildeten. Als Untergebene ihrer souveränen Fürsten waren ihnen solche Loyalitätskonflikte, an denen Thomas Becket oder Thomas Wolsey gescheitert waren, fremd. Sie schufen den Rahmen für ein funktionierendes internationales Staatensystem, das einen, wenngleich zeitlich begrenzten, Frieden ermöglichte. Vielleicht noch wichtiger war die transnationale Gemeinschaft von Bankiers und Kaufleuten, die in Friedens- wie in Kriegszeiten ihren grenzüberschreitenden Geschäften unbeirrt nachgingen.

Bis ins achtzehnte Jahrhundert hinein bildeten diese Leute in ihren vorwiegend noch unalphabetisierten Gesellschaften eine zwar kleine, doch mit beträchtlicher Ehrerbietung und großem Respekt betrachtete Minderheit. Als sich im Zuge der Industrialisierung des neunzehnten Jahrhunderts die Kommunikationsmöglichkeiten erweiterten, Europa urbanisiert und modernisiert wurde, gewannen sie an Zahl und Bedeutung. Zu den Diplomaten und Bankiers, die bis dahin die internationale Bühne beherrscht hatten, gesellten sich jetzt Juristen, Parlamentarier, Unternehmer und Fachleute verschiedenster Art. Das Beherrschen einer Fremdsprache – zunächst Französisch, dann zunehmend Englisch – war unumgänglich geworden. Die Intellektuellengemeinde bezog nun auch Naturwissenschaftler und Technologen in ihren Kreis ein. Internationale Organisationen wurden gegründet, zahlreiche Kongresse abgehalten. Die Modernisierung Europas förderte zwar in erster Linie das Aufkeimen des Nationalismus, machte aber zugleich ihre Akteure immer abhängiger voneinander. Ohne transnationale Transparenz und Zusammenarbeit konnten die professionellen Schichten nicht jenes Expertenwissen zur Verfügung stellen, das Volkswirtschaften benötigten, um zu funktionieren.

Auf diese wachsende Transparenz und Interdependenz als Vorbedingungen einer internationalen Friedensordnung hatten Liberale wie Richard Cobden gesetzt. Aber das brauchte Zeit. Die Friedensbewegung des neunzehnten Jahrhunderts rekrutierte sich zum großen Teil aus Geschäftsleuten und Angehörigen der professionellen Schichten, und ihr Einfluß war in den protestantischen angelsächsischen Staaten besonders groß. In anderen Ländern hingegen, insbesondere im

Die Erfindung des Friedens

wilhelminischen Deutschland, suchten diese bürgerlichen Aufsteiger den Anschluß an die ältere, noch militaristisch geprägte Führungsschicht, wobei die beiden gemeinsame Furcht vor dem Sozialismus vermutlich weniger eine Rolle spielte als das mit diesem Anschluß verbundene Sozialprestige (ein Faktor, den es nicht zu unterschätzen gilt). Nicht nur in Deutschland stellten sie willig den größten Anteil der für die neuen Massenheere benötigten Offiziere. Doch im Laufe des zwanzigsten Jahrhunderts nahm die wechselseitige Abhängigkeit und Zusammenarbeit dieser Schichten zu und damit das Gewicht ihrer gemeinsamen supranationalen Interessen. Zugleich wurde ihr Einsatz für den Wohlstand und die Entwicklung ihres jeweils eigenen Landes immer wichtiger. Das Ausbluten der professionellen Schichten durch die Judenverfolgung hat Deutschland im zweiten Weltkrieg entscheidend geschwächt. Gleichermaßen verheerend war die Vernichtung der Bourgeoisie als eigenständiger Klasse in der Sowjetunion der zwanziger und im China der siebziger Jahre; beide Länder wurden dadurch im Wettlauf um die Modernisierung weit zurückgeworfen. Daß die Vereinigten Staaten am Ende des zwanzigsten Jahrhunderts die mächtigste Nation der Welt waren, verdankten sie nicht nur ihrer territorialen Größe und ihren Ressourcen, sondern auch der Bereitschaft, Wissenschaftler, Technologen, Ingenieure und Unternehmer aus aller Welt aufzunehmen, angemessen zu würdigen und zu Amerikanern zu machen.

Mit Beginn des neuen Jahrtausends also hat sich eine wahrhaft globale, transnationale Gemeinschaft herausgebildet, die ein gemeinsames Wertesystem besitzt und eine sie verbindende Sprache – das Englische – spricht. Im Gegensatz zu den winzigen und keineswegs repräsentativen Minderheiten früherer Generationen gehört dieser Gemeinschaft in den postindustriellen Gesellschaften des Westens ein weitaus größerer Teil, wenn nicht die Mehrheit der Bevölkerung an. Ist das nicht ein ziemlich sicheres Fundament, auf dem die Architekten des Friedens endlich eine neue Weltordnung errichten können?

In gewisser Weise schon, aber zwei grundlegende Probleme stellen sich. Zum einen mögen die früheren übernationalen Eliten innerhalb ihrer jeweiligen Gesellschaft sicherlich eine winzige Minderheit gewesen sein, doch sie besaßen zwei entscheidende Vorteile. Erstens genossen sie durch ihren Status als Priester, Adlige oder – in nichtalphabetisierten Gesellschaften – einfach als Gelehrte uneingeschränkten Respekt. Ihre soziale Vorherrschaft wurde nicht in Frage gestellt. Zweitens oblag ihnen – zumindest vor der Aufklärung – die Aufgabe, den herrschenden Zustand aufrechtzuerhalten und zu rechtfertigen. Sie waren keine Störfaktoren, sondern unterstützten bis ins achtzehnte Jahrhundert hinein die Tradition und Ordnung verkörpernden Mächte, von denen sie ihrerseits Rückhalt bekamen. Hingegen hatte die Bourgeoisie im Europa des neunzehnten Jahrhunderts (und später in der übrigen Welt) keine solchen Privilegien. Ihre Angehörigen waren ohne ererbten Status (und waren darum ängstlich darauf bedacht, ihn durch Assimilation an die entsprechenden Schichten zu erwerben), und ihre Ideen und Aktivitäten trugen entscheidend dazu bei, die tradierte Ordnung zu untergraben. Das führte zu einer heftigen Reaktion, mit der die Hüter der althergebrachten Werte all jene mobilisieren konnten, deren Lebensweise durch den Modernisierungs- und Säkularisierungsprozeß gefährdet, wo nicht gar zerstört wurde. Der daraus resultierende Konflikt konnte, wie in England, relativ friedlich beigelegt werden; oder aber auch, wie in Frankreich, über Generationen hinweg, von gegenseitigem Haß genährt, fortschwelen; er mochte, wie in Spanien, schließlich in einen mit großer Gewalttätigkeit geführten Bürgerkrieg münden oder wie in Deutschland, zum Völkermord führen. Doch im Europa des ausgehenden zwanzigsten Jahrhunderts war er weitgehend beigelegt. Die Gegner der Modernisierung waren, sei's im Guten oder im Bösen, besiegt, während die Sieger in friedlicher Zusammenarbeit über nationale Grenzen hinweg ihre neue internationale Ordnung errichteten. Im allgemeinen hatte man die schmerzhafte Lektion gelernt, daß eine Gesellschaft, die ihre eigenen unternehmerischen Fähigkeiten zu zerstören trachtet, sehr viel schneller auf dem Müllhaufen der Geschichte landet als ihre Konkurrenten.

Anderswo allerdings geht der Kampf weiter. In vielen Ländern außerhalb der westlichen Welt bleiben diese bürgerlichen Eliten winzige, für ihre Gesellschaft untypische Minderheiten, deren Lebensstandard für die Mehrheit der Bevölkerung unerreichbar ist. Wie im Europa des neunzehnten Jahrhunderts gelten ihre Aktivitäten nicht als sozial, sondern ausbeuterisch, ihre Werte als die tradierte Kultur unterminierend, was sie tatsächlich auch sind. Sie werden als Agenten einer fremden Macht gesehen, nämlich der Vereinigten Staaten, an deren Universitäten viele von ihnen ihr Studium absolviert haben. Für solche, ständig angefochtenen Minderheiten ist Demokratie ein Luxus: Wenn sie überleben wollen, benötigen sie möglicherweise den Schutz und die Unterstützung autoritärer Regime. Dies schafft Probleme für westliche Liberale, die sowohl die Modernisierung der Dritten Welt als auch den Schutz von Demokratie und Menschenrechten befürworten. Napoleon III., vielleicht der erste Diktator, der die Modernisierung bewußt vorantrieb, rechtfertigte die Unterdrückung von Dissidenten mit dem Versprechen, daß Freiheit die Krönung des Bauwerks sei. Ähnliche Argumente werden heute von den Apologeten autoritärer Regime wie China und Singapur ins Feld geführt. Häufig war dies auch der Fall, wie etwa in der Türkei, in Spanien, Portugal und sogar Chile. Die Alternative zu autoritären Regierungen mögen nicht unbedingt demokratische Institutionen sein, sondern vielleicht ein anarchischer Dschungel, in dem Kriegsherren das Sagen haben oder reaktionäre theokratische Diktaturen wie die Taliban-Milizen. Die Modernisierung kann in letzter Konsequenz zur Verbreitung aufklärerischer Werte führen, aber sie braucht den Rahmen einer gesellschaftlichen und politischen Ordnung, um überhaupt in Gang zu kommen. Noch aber ist ihr Fortschreiten von Konflikten gekennzeichnet, die im Westen beigelegt werden konnten, in vielen Regionen der Welt jedoch immer wieder aufbrechen; Konflikte, die, wie immer lokal begrenzt ihre Wurzeln sein mögen, internationale Auswirkungen haben.

Zum anderen brütet der Westen auch weiterhin seine eigenen Konflikte aus. Die westlichen Gesellschaften erscheinen jetzt allesamt bürgerlich-friedlich, doch die bürgerliche Gesellschaft ist langweilig. Sicherlich gibt es, wie etwa bei Freud, raffiniertere Möglichkeiten, dies auszudrücken, dennoch ist es ein von Historikern allzuoft übersehenes Phänomen. Lamartine wies in seiner Erläuterung der Pariser *événements* von 1848/49 darauf hin, daß der ansonsten schätzenswerten Monarchie von Louis-Philippe hauptsächlich Langeweile den Garaus machte. Das Gros der Menschheit hat niemals genug Muße gehabt, um Langeweile verspüren zu kön-

Die Erfindung des Friedens

nen; die meisten, egal ob Mann oder Frau, alt oder jung, mußten tagein, tagaus von der Wiege bis zur Bahre zu hart arbeiten. Die mittelalterliche Kirche allerdings kannte das Problem bereits: Sie rechnete die *acedia*, die Herzensträgheit, zu den Sieben Todsünden. Die romantische und manch andere Bewegung entstand, weil der mechanistische Rationalismus der Aufklärung als fade empfunden wurde. Langeweile hat in der Kunst immer wieder eine Avantgarde hervorgebracht. Etwas an der rationalen Ordnung ist es, das manche Menschen, vor allem die jungen und energiegeladenen, zutiefst, und vielleicht mit Recht, rebellisch macht. (Jeder, der Ende der sechziger Jahre an einer westlichen Universität gelehrt hat, wird sich daran erinnern, mit welcher Verachtung die radikalen Studenten das Wort ›bürgerlich‹ ausspuckten.) Solche Unzufriedenheit kann durch eine politische Zielsetzung sinnvoll gebündelt werden, bringt sie aber nicht unbedingt hervor. Die Verachtung bürgerlicher Werte kann harmlose Formen annehmen, wie etwa das Zerteilen toter Schafe, oder selbstzerstörerische, wie Drogensucht und Flucht aus der Gesellschaft. Aber sie kann auch zur demonstrativen Anwendung zerstörerischer Gewalt oder zur Bildung nihilistischer Gruppen führen. In stabilen Gesellschaften mögen solche Verhaltensformen nur eine häufig wiederkehrende Plage sein, mit der man irgendwie fertig wird. Wenn jedoch die Fundamente der gesellschaftlichen Stabilität bedroht sind, können sie zum ernsthaften Problem werden; und keine Gesellschaft ist wirklich stabil, die fortwährend hohe Arbeitslosenzahlen verzeichnet oder von ethnischen Spannungen zerrissen wird. Militante nationalistische oder konspirativ organisierte radikale Bewegungen bieten ausgezeichnete Ventile für Langeweile. Zusammengenommen können sie unwiderstehliche Anziehungskraft entwickeln.

Obwohl also die Versuchung naheliegt, anzunehmen, daß eine internationale bürgerliche Gemeinschaft, die ihren Einfluß ausweitet, damit auch allmählich eine stabile Weltordnung durchsetzt, wären wir schlecht beraten, dies zu erwarten. Einem solchen Irrtum hatten sich Norman Angell und andere schon 1914 hingegeben: Der Krieg, meinten sie, sei mittlerweile ein so irrationales Mittel zur Beilegung von Konflikten geworden, daß vernünftige Menschen nicht mehr bereit wären, ihn zu führen. Sie haben es dennoch getan. Hoffen wir zumindest, daß Kant recht hatte und daß, was immer sonst geschehen mag, ›ein Samenkorn der Aufklärung‹ überlebt.

zuKLAMPEN!

**ANDRÉ SELLIER
ZWANGSARBEIT IM
RAKETENTUNNEL**
Geschichte des Lagers Dora

MIR EINEM VORWORT
VON EBERHARD JÄCKEL
AUS DEM FRANZ. VON
MARIA-ELISABETH STEINER
629 SEITEN
LEINEN, SCHUTZUMSCHLAG
ISBN 3-924245-95-9

»Sellier (...) vereint in seinem rund 600 Seiten starken Band den Häftlingsbericht mit einem historischen Standardwerk.« *Buchmarkt*

»Das Buch von André Sellier ist eine der besten Untersuchungen, die es über ein Konzentrationslager überhaupt gibt. (...) André Sellier war Häftling, er hat es selbst erlebt. Er hat andere Häftlinge systematisch befragt, aber das wichtigste ist, daß er ein Historiker ist, er war Geschichtslehrer, er kennt das Handwerkszeug des Historikers, und diese Verbindung von eigenen Erfahrungen, den Augenzeugenberichten und der historischen Einordnung, die verschafft diesem Buch eine nahezu einzigartige Qualität.«
Eberhard Jäckel, Hessisches Fernsehen

»Er hat ehemalige Häftlinge befragt und deren Berichte mit dem Quellenmaterial über ›Dora‹ zu einer einzigartigen Chronik dieses Lagers im besonderen und des Lagersystems im allgemeinen verwoben.« *Literatur-Report*

zu Klampen Verlag · Postfach 1963 · D-21309 Lüneburg
Fon 04131 733030 · Fax 0 41 31 733033